# 洞庭百问

湖南省水利厅　编

中国水利水电出版社
www.waterpub.com.cn
·北京·

## 内容提要

本书是一部介绍洞庭湖基本情况与洞庭湖保护和治理的科普读物，全书分为九个部分，采用百问百答的形式，概要介绍了洞庭湖的基本情况、水系、社会经济、洪水特性、江湖关系、防汛抢险、水利工程、生态环境、历史文化，以及洞庭湖治理和保护的主要成就、重大事件及基本思路等内容。

本书内容全面、可读性强，可作为社会大众认识洞庭湖、了解洞庭湖的科普读物，也可供从事洞庭湖相关研究和管理的工作人员及高校师生阅读学习。

**图书在版编目（CIP）数据**

洞庭百问 / 湖南省水利厅编. — 北京 : 中国水利水电出版社, 2023.12
ISBN 978-7-5226-1980-4

Ⅰ. ①洞… Ⅱ. ①湖… Ⅲ. ①洞庭湖－问题解答 Ⅳ. ①K928.43-44

中国国家版本馆CIP数据核字(2023)第231754号

审图号：GS 京（2023）2440 号

书　名　洞庭百问
　　　　DONGTING BAI WEN
作　者　湖南省水利厅　编
出版发行　中国水利水电出版社
　　　　(北京市海淀区玉渊潭南路1号D座　100038)
　　　　网址: www.waterpub.com.cn
　　　　E-mail: sales@mwr.gov.cn
　　　　电话: (010) 68545888（营销中心）
经　售　北京科水图书销售有限公司
　　　　电话: (010) 68545874、63202643
　　　　全国各地新华书店和相关出版物销售网点

排　版　北京金五环出版服务有限公司
印　刷　北京天工印刷有限公司
规　格　170mm×240mm　16开本　15.75印张　182千字
版　次　2023年12月第1版　2023年12月第1次印刷
定　价　68.00元

## 《洞庭百问》编委会

**主　　编：**罗毅君

**副 主 编：**曾　扬　葛国华

**参编人员：**周北达　陈文平　向朝晖　徐　贵　宁迈进
杨　建　钟芳杰　汤小俊　黎昔春　姜　恒
杨湘隆　侯国鑫　钟艳红　张晓斌　刘　乐
闫　冬　李永刚　周永强　刘　添　仰雨菡
谭　霞　石　佳　杨　瑛　刘　烨　张移郁
吕　坤　范田亿　贺方舟　黎振兴

# 前言

洞庭湖南接湘江、资水、沅江、澧水“四水”，北纳松滋口、太平口、藕池口、调弦口“四口”，还有汨罗江、新墙河等环湖支流汇入。由于泥沙淤积和人类活动的影响，洞庭湖经历了从无到有、由小到大、又由大到小的发展过程。秦汉以前，洞庭湖只是君山附近的一小块水域，至 1542 年，荆江北岸“九穴十三口”中的最后一口郝穴堵口，形成了统一的荆江河槽和统一的荆江大堤，江水被约束在单一的荆江河槽里，促使长江水位抬升，使洞庭湖湖面进一步扩大到全盛时期的“方八九百里”，洪水期湖面达 6000 多平方千米。1860 年、1870 年大水，藕池、松滋先后溃口形成“四口”分流以后，破坏了持续 300 多年的平衡关系，大量泥沙进入洞庭湖，使洞庭湖迅速由大变小，至 1949 年水面面积为 4350 平方千米，至 1995 年水面面积为 2625 平方千米。

中华人民共和国成立以来，洞庭湖区水利建设取得了巨大成就，初步建成了较完整的防洪排涝体系，防洪排涝能力得到显著提高。自 20 世纪中期以来，经历了 1949 年冬堵口复堤、1952 年整修南洞庭湖、1954 年堤垸修复、1964 年起连续三年电排歼灭战、1974 年起连续多年的田园化和撇洪工程、洞庭湖区“一期治理”（1986—

1996 年）、洞庭湖区“二期治理”（1997—2007 年）和“近期治理”（2008 年至今）等多阶段的治理，洞庭湖区建成了由堤防、水库、蓄滞洪区组成的防洪体系和由撇洪河、泵站、蓄涝工程组成的排涝体系。洞庭湖区堤垸由 1949 年的 993 垸合并为 226 垸，一线防洪堤线由原来的 6406 千米缩短到 3471 千米，其中重点垸 11 个、蓄洪垸 24 个，蓄洪容积 164 亿立方米。排涝体系从无到有，截至 2022 年，有排涝泵站 3529 处（总装机容量 94.46 万千瓦），撇洪河 304 条。

由于江湖关系和全球气候变化的影响以及极端天气的出现，加上随着洞庭湖区社会经济发展对水利建设提出了新的更高要求，洞庭湖区存在防洪排涝能力有待提高、水资源供需矛盾越来越突出、水生态与水环境有恶化趋势等问题。为加快上述问题的解决，有关部门正在开展相关的前期研究工作，提出了以松滋口建闸为主的“四口”水系综合整治、堤防加固及蓄洪垸安全建设、洞庭湖区平原灌区建设、洞庭湖生态修复、城陵矶综合枢纽建设等应对措施。

洞庭湖是一块瑰宝，洞庭湖是一座迷宫，洞庭湖也是一道命题。为使社会各界关心和关注洞庭湖的人士对洞庭湖有更深入的了解，湖南省水利厅组织有关单位和专家编写了《洞庭百问》一书。全书采用一问一答的形式，内容涉及洞庭湖基本情况、水系、社会经济、洪水特性、江湖关系、防汛抢险、水利工程、生态环境、历史文化、洞庭湖治理的主要成就和重大事件，以及洞庭湖保护和治理的基本思路等。希望本书的出版发行能有助于社会各界人士认识洞庭湖、了解洞庭湖的保护和治理。

《洞庭百问》编委会

2023 年 10 月

# 目录

前　言


一、洞庭湖基本情况…… 1

1. 洞庭湖的位置和范围如何？东洞庭湖、南洞庭湖、西洞庭湖是怎样划分的？…… 2

2. “八百里洞庭”是怎样形成的？…… 4

3. 洞庭湖的洪道主要由哪几大水系组成？长度和面积是多少？…… 6

4. 洞庭湖区的范围有多大？涵盖哪些市县？…… 8

5. 洞庭湖水域分属哪些区县？各区县的水域面积是多少？…… 10

6. 什么是洞庭湖水系？…… 12

7. 直接流入洞庭湖的河流有哪些？“四水”“四口”是指哪些河流？“四水”尾闾的含义是什么？…… 13

8. 洞庭湖素有“洪水一大片，枯水几条线”之说，怎样理解？…… 15

9. 洞庭湖“四口”水系是如何形成的？…… 17

10. 同属平原型湖泊，洞庭湖和鄱阳湖有何异同？…… 19

二、长江湖南段及江湖关系…… 21

11. 长江荆江段起点和终点在哪里？下荆江河段裁弯的主要内容是什么？…… 22

12. 荆江大堤形成于什么时候？其历史过程是怎样的？…… 25

13. 长江干流湖南段河流岸线有多长？干堤长度是多少？…… 27

14. 20 世纪 50 年代长江中游通江湖泊有多大？目前还有多大？通江湖泊减少对长江中游防洪有何影响？…… 29

15. 长江湖南段的卡口河段有哪些？对洞庭湖出流有何影响？…… 32

16. 长江湖南段主要的崩岸河段有哪些？三峡水库建成运行后长江崩岸情况有何变化？…… 33

17. 什么是江湖关系？20 世纪 50 年代以来，江湖关系的演变有哪些主要阶段和特点？…… 35

## 三、三峡工程与洞庭湖 ········· 37

18. 三峡水库是如何进行防洪调度的？对荆江补偿调度和对城陵矶补偿调度是怎么回事？ ········· 38
19. 三峡水库建成运行后对洞庭湖的影响主要有哪些方面？ ········· 39
20. 三峡水库建成运行后，遇 1954 年洪水城陵矶地区的超额洪量是多少？超额洪量消纳的方案是什么？ ········· 40
21. 长江上游已建或在建的主要防洪水库有哪些？规划建设的有哪些？它们与三峡水库联合调度后对洞庭湖的防洪作用有多大？ ········· 42

## 四、洞庭湖水文特性及洪水灾害 ········· 45

22. 洞庭湖入湖、出湖水文控制站有哪些？为什么说城陵矶（七里山）水文站是洞庭湖水情的晴雨表？洞庭湖区主要水文测站还有哪些？ ········· 46
23. 长江中游及洞庭湖区主要控制站的历史最高水位、最低水位、最大流量、最小流量分别是多少？ ········· 48
24. 洞庭湖汛期和枯期是怎样划分的？水位的年际变化情况是怎样的？湘江、资水、沅江、澧水洪水汇入洞庭湖要多久？ ········· 51
25. 洞庭湖水资源量有多少？时空分布有何特点？ ········· 53
26. 洞庭湖区泥沙淤积情况是怎样的？三峡水库建成运行后洞庭湖泥沙淤积量显著减小的主要原因是什么？ ········· 55
27. 长江“四口”分泄长江流量和泥沙，其分流比和分沙比是多少？三峡水库建成运行后情况变化如何？ ········· 57
28. “四口”水系各河流断流情况是怎样的？三峡水库建成运行后有何变化？ ··· 59
29. 洞庭湖水系中，“四口”与“四水”洪水遭遇、“四水”之间洪水遭遇概率如何？ ········· 61
30. 洞庭湖洪水的主要成因是什么？历史上有哪些主要的大水年？ ········· 64
31. 1931 年大水及其洪水灾害情况如何？ ········· 67
32. 1935 年大水及其洪水灾害情况如何？ ········· 69
33. 1954 年大水及其洪水灾害情况如何？ ········· 71
34. 1996 年大水及其洪水灾害情况如何？ ········· 73
35. 1998 年长江洪水到底有多大？ ········· 77

36. 2016 年大水及其洪水灾害情况如何？ …………………………………… 82
37. 2017 年大水及其洪水灾害情况如何？ …………………………………… 86
38. 洞庭湖区防洪设计水位是如何确定的？ 20 世纪 90 年代以来有哪些年份的实际洪水位超过了防洪设计水位？ …………………………………………… 90

**五、洞庭湖治理过程…………………………………………………… 93**

39. 1980 年长江中下游防洪座谈会的主要内容是什么？对洞庭湖治理有何影响？ ………………………………………………… 94
40. 长江的防洪方针是什么？洞庭湖区防洪工程体系是怎样构建的？ ………… 96
41. “万里长江，险在荆江，难在洞庭”，治理洞庭之“难”主要表现在哪些方面？ ……………………………………………………………… 97
42. 洞庭湖在长江中游防洪中有何重要作用？洞庭湖调蓄洪水的能力有多大？ ………………………………………………………… 100
43. 中华人民共和国成立以来洞庭湖治理可分为哪些重要阶段？ ………… 103
44. 中华人民共和国成立初期，洞庭湖区水系整治、堤垸修复等治理措施的主要内容是什么？ ……………………………… 105
45. 20 世纪 60—70 年代“电排歼灭战”有什么重要意义？ ……………… 110
46. 洞庭湖区“田园化建设”的主要内容是什么？ ………………………… 112
47. 洞庭湖区“一期治理”有哪些内容？ …………………………………… 114
48. 洞庭湖区“二期治理”规划有哪些内容？实施的“三个单项”是哪些？ ………………………………………………… 116
49. 洞庭湖区“平垸行洪、退田还湖、移民建镇”有哪些内容？ ………… 118
50. 洞庭湖区“近期治理”实施方案有哪些内容？ ………………………… 119

**六、洞庭湖区主要水利工程及其运用管理………………………… 121**

51. 湖南省洞庭湖区目前千亩以上堤垸有多少？可分为哪几类？各自的功能是什么？受堤垸保护的总面积、耕地、人口及一线堤防总长度是多少？ ………………………………………… 122
52. 洞庭湖区堤防的级别是如何确定的？堤防超高、坡比等有什么要求？ … 124
53. 洞庭湖区重点垸有哪些？受重点垸保护的总面积、耕地、人口及一线堤防总长度是多少？ ………………………………………… 127

54. 洞庭湖区蓄洪垸有哪些？总的蓄洪容积及一线堤防总长度是多少？
垸内有多少耕地、多少人口？ ………………………………………… 130
55. 洞庭湖区蓄洪垸是怎样进行分类管理的？重要蓄洪垸和
一般蓄洪垸蓄洪容积分别是多少？ ………………………………… 133
56. 洞庭湖区蓄洪垸已建（含在建）的分洪闸有哪些？
分洪闸启用条件是什么？ ……………………………………………… 135
57. 洞庭湖防御洪水的基本原则是什么？ ……………………………… 137
58. 洞庭湖区蓄洪垸启用条件和运用顺序是什么？
蓄洪补偿的依据是什么？ ……………………………………………… 138
59. 蓄洪垸运用预案编制的原则及主要内容是什么？
审批程序如何进行？ …………………………………………………… 142
60. 洞庭湖区堤防存在哪些工程地质问题？ …………………………… 143
61. 洞庭湖区汛期堤防常见险情有哪些？其中最主要的险情形式是什么？
如何抢护？ ……………………………………………………………… 145
62. 洞庭湖区历年溃垸情况如何？ ……………………………………… 148
63. 荆江分洪区南线大堤与湖南防洪有什么关系？
南闸和北闸的调度运用规则是什么？ ……………………………… 150
64. 洞庭湖区排涝标准是什么？洞庭湖区排涝体系是如何构建的？ ………… 153
65. 洞庭湖区泵站总装机容量是多少？洞庭湖区泵站型式主要有哪几种？
各有什么优缺点？ ……………………………………………………… 155
66. 洞庭湖区有哪些典型的大型泵站？装机容量最大的泵站、
设计流量最大的泵站、单台装机容量最大的泵站分别在哪里？ ………… 157
67. 洞庭湖区主要内湖基本情况是怎样的？ …………………………… 159
68. 洞庭湖区有多少条撇洪河？撇洪总长度、撇洪面积及撇洪流量分别是多少？
有哪些主要的撇洪河？ ………………………………………………… 162
69. 除一线堤防外，洞庭湖还有哪些堤防？情况如何？ ………………… 165
70. 洞庭湖区涵闸主要有哪几种类型？有多少大中型涵闸？ …………… 167
71. 洞庭湖北部地区缺水的主要原因及其解决的途径是什么？ ………… 169
72. 洞庭湖北部地区补水工程有哪些？功效如何？ ……………………… 172
73. 三仙湖水库总库容、有效库容是多少？对当地水资源利用及
防洪排涝有什么重要意义？ …………………………………………… 174

## 七、“四水”干流主要的控制性水利工程 …………………………177

74. 湘江干支流上有哪些主要的控制性水利工程?
总库容及防洪库容多大? …………………………………………… 178
75. 资水干支流上有哪些主要的控制性水利工程?
总库容及防洪库容多大? …………………………………………… 180
76. 沅江干支流上有哪些主要的控制性水利工程?
总库容及防洪库容多大? …………………………………………… 182
77. 澧水干支流上有哪些主要的控制性水利工程?
总库容及防洪库容多大? …………………………………………… 184

## 八、重要水利规划思路 ……………………………………………185

78. 洞庭湖区河湖连通工程的规划思路是什么? ………………… 186
79. 洞庭湖区建设有哪些灌区? 规划建设哪些灌区? …………… 188
80. 洞庭湖水利血防工程建设有哪些内容? ……………………… 189
81. 三峡工程建成运行后，洞庭湖防洪问题还存在哪些短板？…… 191
82. 洞庭湖“四口”水系综合整治工程规划的主要内容是什么? ………… 193
83. 洞庭湖区重要堤防加固一期工程建设的主要内容是什么? ………… 196
84. 松滋口建闸对松澧地区防洪有何重大意义? ………………… 199
85. 松滋口建闸运行对荆江防洪影响大吗? ……………………… 201
86. 洞庭湖出口城陵矶综合枢纽建设有何意义? ………………… 203

## 九、生态环境、自然保护地、历史文化等 ……………………… 205

87. 洞庭湖的水质状况是怎样的? 主要污染因子有哪些? ………… 206
88. 洞庭湖作为候鸟越冬优良栖息地的原因是什么? …………… 208
89. 洞庭湖采砂规划编制原则是什么? 如何划定禁采区、禁采期? ………… 210
90. 怎样获得洞庭湖采砂许可? 洞庭湖非法采砂最低罚款金额是多少?
疏浚砂石在什么情况下可以利用? …………………………… 211
91. 什么是防护林? 为保护洞庭湖的堤防，洞庭湖区防护林营造和
管理有哪些规定? ……………………………………………… 213
92. 洞庭湖区有哪些国家级、省级自然保护区? ………………… 214
93. 洞庭湖区有哪些风景名胜区? ………………………………… 216

94. 洞庭湖区有哪些水利风景区? …… 218
95. 洞庭湖区有哪些水产种质资源保护区? …… 221
96. 洞庭湖生态经济区涵盖哪些范围? 规划的主要目标是什么? …… 224
97. 环洞庭湖区域主要的文物古迹有哪些? …… 226
98. 历史上与洞庭湖相关的典型古诗文主要有哪些? …… 227
99. 洞庭湖水利管理机构的历史沿革是怎样的? …… 230
100. 洞庭湖保护相关的涉水法律法规主要有哪些? …… 231

**附 录 相关术语解释 ……233**

# 一、洞庭湖基本情况

## 1. 洞庭湖的位置和范围如何？东洞庭湖、南洞庭湖、西洞庭湖是怎样划分的？

**答：**洞庭湖位于长江中游南岸、湖南省北部，居北纬 28°30′~30°23′、东经 111°14′~113°10′，是我国第二大淡水湖。洞庭湖天然湖泊由东洞庭湖、南洞庭湖和西洞庭湖组成，其中西洞庭湖又由目平湖和七里湖组成。四个天然湖泊相互连接，但分界处相对狭窄，形成阻水，因而东洞庭湖、南洞庭湖和西洞庭湖并非处于同一水平面，枯水期落差更加明显，形成了自西向东的倾斜水面，西洞庭湖水位最高，东洞庭湖紧邻洞庭湖出口，水位最低。洞庭湖天然湖泊范围的划分界限为：①东洞庭湖，以城陵矶七里山水文断面与长江分界，以磊石山与南洞庭湖分界，以华容县新洲垸丁堤与藕池河分界；②南洞庭湖，以斗米咀与湘江分界，以磊石山与东洞庭湖分界，以杨柳潭与资水分界，以保民垸出湖口与甘溪港分界，以南咀和小河咀水文断面与目平湖分界；③目平湖，以四分局、三角堤与澧水洪道分界，以坡头、新堤拐与沅江分界，以南咀和小河咀水文断面与南洞庭湖分界；④七里湖，上以小渡口与澧水分界，下以石龟山水文断面与澧水洪道分界、以汇口与五里河分界，以濠口与官垸河分界。

洞庭湖天然湖泊的面积和容积分别是指东洞庭湖、南洞庭湖、目

洞庭湖水系图

平湖、七里湖四个湖泊的面积之和、容积之和。根据1995年施测的1∶10000地形图，四湖最大面积之和为2625平方千米，相应水位为东洞庭湖（岳阳水文站）水位34.00米（1985国家高程基准，下同），南洞庭湖（杨柳潭水文站）水位35.00米，目平湖（南咀水文站）水位36.00米，七里湖（石龟山水文站）水位42.00米；四湖容积之和为167亿立方米，相应城陵矶七里山水位31.50米，东洞庭湖（岳阳水文站）水位31.55米，南洞庭湖（杨柳潭水文站）水位32.53米，目平湖（南咀水文站）水位33.55米，七里湖（石龟山水文站）水位35.45米。

## 2.“八百里洞庭”[1]是怎样形成的？

**答：**洞庭湖的形成经历了一个由小变大、由大变小的演变过程。先秦汉晋时期，洞庭湖地区属河网交错的平原地貌景观，古籍有“洞庭之野”“洞庭之牧”的描述，虽然也有一些局部性小湖泊，但大范围的浩渺水面却尚未形成，洞庭湖仅为君山（古称“洞庭山”）附近的一湖泊。这一时期，洞庭湖地区与云梦泽之间有华容隆起分隔，长江对洞庭湖水系没有干扰，“四水”中资水和沅江进入洞庭湖后注入长江，湘江和澧水则是直入长江。

南北朝时期，位于长江与汉江之间的云梦泽萎缩，荆江江陵河段金堤兴建，同时华容隆起和洞庭湖平原沉降，长江有沦水（相当于现在的虎渡河）和生江水（相当于现在的调弦河）穿越华容隆起的最低垭口进入洞庭湖平原，洞庭湖沼泽平原演变为湖泊景观，长江对洞庭湖水系形成了干扰。这一时期，洞庭湖与南边的青草湖在丰水时连为一体，湘江、资水、沅江、澧水“四水”分别流入湖中再入长江。郦道元（约470—527年）在《水经·湘水注》中描述：“四水，同注洞庭，北会大江，湖水广圆五百余里，日月若出没于其中”。

---

[1] “八百里”是古人常用于对距离长、范围广的一种概述，如“八百里秦川”“八百里太行”“八百里加急”等。“八百里洞庭”始见于唐宋文人的诗词中，如五代可朋（约896—963年）《赋洞庭》中的“周极八百里，凝眸望则劳”，宋代姜夔（1154—1221年）《昔游诗》中的“洞庭八百里，玉盘盛水银”。

唐宋时期，洞庭湖区进一步沉降，湖面也进一步扩展。唐代元和年间名相李吉甫（758—814 年）在所著《元和郡县图志》中详细地记载了洞庭湖与巴陵县的方位和湖的大小:“洞庭湖在县西南一百五十步，周回二百六十里”“青草湖在县南七十九里，周回二百六十五里”，两湖合计 500 余里，涨水时两湖相连，这与《水经·湘水注》记载的“广圆五百余里”基本吻合。宋代文献中对洞庭湖向西扩展趋势有明确记载，《巴陵志》记载:“洞庭湖在巴丘西，西吞赤沙，南连青草，横亘七八百里”。

元明清时期，长江流域经济发展迅速，土地开发加剧，原始植被遭受大量破坏，水土流失日趋严重，长江含沙量不断增加，导致云梦泽逐渐淤填消亡。随着云梦泽的消亡和北岸统一的荆江大堤形成，长江水位抬升，洪水期洞庭湖范围继续扩展，达到极盛。清道光《洞庭湖志》卷二记载:“洞庭湖东北属巴陵，西南跨华容、石首、安乡，西连武陵、龙阳、沅江，南带益阳而寰湘阴，凡四府一州九邑，横亘八九百里，日月皆出没其中”。这一时期洞庭湖的面积达 6000 平方千米左右。

19 世纪中叶开始，洞庭湖演变剧烈。清咸丰二年（1852 年）荆江南岸马林工溃决，形成藕池口，因民力拮据未修复，至清咸丰十年（1860 年），长江发生特大洪水，在藕池口之下形成藕池河。清同治九年（1870 年）长江又发生特大洪水，荆江黄家铺溃决，事后堵塞不坚；清同治十二年（1873 年）复溃，形成松滋河。藕池河、松滋河形成后，大量洪水涌入洞庭湖的同时也带来大量泥沙，洞庭湖湖底不断淤积，北部堤垸不断增长侵蚀湖面。由于洪水位抬升，洞庭湖南部的沅江县（今沅江市）、湘阴县境内的堤垸不断溃废，弃田为湖，洞庭湖发生南迁的同时，面积也逐步减少。至 1949 年，洞庭湖面积减少为 4350 平方千米，目前洞庭湖面积为 2625 平方千米。

## 3. 洞庭湖的洪道主要由哪几大水系组成？长度和面积是多少？

**答：**“四水”河口以下过去是水网地区，自洞庭湖整治堵支并流、合垸并堤以后，各自有了独立的排洪通道，从而消除了各水系之间相互顶托干扰、宣泄不畅的局面，形成了“四水”河口以下至天然湖泊之间的行洪通道，统称为洪道。长江与洞庭湖之间的连接通道即松滋河、虎渡河、藕池河和华容河“四口”水系，习惯上也被称作洪道。洪道是洞庭湖天然湖泊水面的延伸，对洪水宣泄和洪水调蓄都起着重要作用。

洞庭湖区洪道总面积 1418 平方千米，其中湖南部分 1013 平方千米，涵盖湘江、资水、沅江、澧水“四水”水系和松滋口、太平口、藕池口及调弦口（于 1958 年建闸封堵）“四口”分流河道（即“四口”水系），洪道总长度达 795.6 千米。除“四口”水系外，尚有八大洪道，分别为：澧水洪道、沅江洪道、草尾河洪道（又称赤磊洪道）、茈湖口河、甘溪港河、毛角口河、湘江东支洪道及湘江西支洪道。

## 洞庭湖八大洪道基本情况表

| 洪道名称 | | 起点 | 终点 | 河长 / 千米 |
|---|---|---|---|---|
| 澧水洪道 | | 石龟山水文站 | 汉寿县三角堤 | 38.0 |
| 沅江洪道 | | 常德市德山枉水口 | 汉寿县坡头 | 53.5 |
| 草尾河洪道 | | 沅江市胜天 | 沅江市北闸 | 49.8 |
| 资水洪道 | 茈湖口河 | 益阳市甘溪港 | 湘阴县杨柳潭 | 28.6 |
| | 甘溪港河 | 益阳市甘溪港 | 沅江市沈家湾 | 20.7 |
| | 毛角口河 | 湘阴县毛角口 | 湘阴县临资口 | 35.6 |
| 湘江洪道 | 东　　支 | 湘阴县濠河口 | 湘阴县斗米咀 | 21.1 |
| | 西　　支 | 湘阴县濠河口 | 湘阴县古塘 | 20.8 |
| 合计 | | | | 268.1 |

洞庭湖防洪大堤与安全台

## 4. 洞庭湖区的范围有多大？涵盖哪些市县？

**答：** 洞庭湖与洞庭湖区是两个不同的概念，洞庭湖是指洞庭湖的天然湖盆。而洞庭湖区是指长江荆江河段以南，湘、资、沅、澧“四水”尾闾水文控制站以下，高程在 50 米以下跨湖南、湖北两省的广大平原、湖泊水网区。依据《洞庭湖区综合规划（2022）》，洞庭湖区总面积为 20109 平方千米，包括洞庭湖冲积平原区、湖泊水网区和受洞庭湖洪水顶托影响的湘、资、沅、澧“四水”尾闾地区。其中：天然湖泊面积 2625 平方千米，洪道面积 1418 平方千米，受堤防保护面积 16000 平方千米左右。行政区划涉及 42 个县（市、区），区域内人口 1290万人，耕地1281万亩[1]。其中：湖北省范围内有荆州市的松滋市、公安县、荆州区、石首市；湖南省范围内有常德、益阳、岳阳、长沙、湘潭、株洲 6 个地级市的 38 个县（市、区）。

洞庭湖区的范围在不同的规划和使用场合也有所不同。如《洞庭湖生态经济区规划》中湖南省部分的范围包括岳阳、益阳、常德三市以及长沙市望城区的行政区域，《湖南省洞庭湖保护条例》中公布的湖

[1] 1 亩约等于 666.67 平方米。

南省洞庭湖的范围涉及的行政区为下表中岳阳、常德、益阳包含的县（市、区）及长沙市望城区共23个县（市、区）。

湖南省洞庭湖区行政区划表（县级）

| 常德市 | 益阳市 | 岳阳市 | 长沙市 | 湘潭市 | 株洲市 |
|---|---|---|---|---|---|
| 1. 武陵区 | 1. 资阳区 | 1. 岳阳楼区 | 1. 望城区 | 1. 岳塘区 * | 1. 石峰区 * |
| 2. 鼎城区 | 2. 赫山区 | 2. 云溪区 | 2. 天心区 * | 2. 雨湖区 * | 2. 荷塘区 * |
| 3. 澧　县 | 3. 南　县 | 3. 君山区 | 3. 雨花区 * | 3. 湘潭县 * | 3. 芦淞区 * |
| 4. 津市市 | 4. 沅江市 | 4. 湘阴县 | 4. 芙蓉区 * | | 4. 天元区 * |
| 5. 汉寿县 | 5. 桃江县 | 5. 华容县 | 5. 岳麓区 * | | 5. 渌口区 * |
| 6. 安乡县 | | 6. 岳阳县 | 6. 开福区 * | | |
| 7. 桃源县 | | 7. 临湘市 | 7. 长沙县 * | | |
| 8. 临澧县 | | 8. 汨罗市 | 8. 宁乡市 | | |
| 9. 石门县 | | | | | |

注　1. 标注“*”的行政区属于湘江长沙综合枢纽坝址以上的行政区。

2. 除上述县级行政区外，还有4个县级管理区，分别为常德市的西洞庭管理区和西湖管理区、益阳市的大通湖区及岳阳市的屈原管理区。在统计口径上，西洞庭管理区计入鼎城区，西湖管理区计入汉寿县，大通湖区计入南县，屈原管理区计入汨罗市。

# 5. 洞庭湖水域分属哪些区县？各区县的水域面积是多少？

**答：** 洞庭湖湖面总面积 2625 平方千米，按照县界对洞庭湖水域进行网格划分，共涉及 13 个县（市、区），各县（市、区）辖区内的水域面积详见下表。

洞庭湖水域分布表

| 湖名 | 涉及的县（市、区） | 面积 / 平方千米 |
|---|---|---|
| 东洞庭湖 | 君山区 | 50.8 |
| | 华容县 | 51.2 |
| | 岳阳楼区 | 3.4 |
| | 岳阳县 | 875.5 |
| | 南县 | 0.7 |
| | 沅江市 | 306.2 |
| | 汨罗市 | 25.0 |
| | 小计 | 1312.8 |
| 南洞庭湖 | 沅江市 | 496.6 |
| | 汨罗市 | 28.7 |
| | 湘阴县 | 373.9 |
| | 资阳区 | 5.7 |
| | 小计 | 904.9 |

续表

| 湖名 | 涉及的县（市、区） | 面积 / 平方千米 |
|---|---|---|
| 目平湖 | 安乡县 | 1.0 |
| | 汉寿县 | 228.1 |
| | 南县 | 42.7 |
| | 沅江市 | 61.0 |
| | 小计 | 332.8 |
| 七里湖 | 津市市 | 12.7 |
| | 澧县 | 59.2 |
| | 安乡县 | 2.8 |
| | 小计 | 74.7 |
| 合计 | | 2625.2 |

洞庭湖水域

# 6. 什么是洞庭湖水系？

**答：**洞庭湖南纳“四水”，北接荆江“四口”，流域面积约 26.28 万平方千米（不包括长江分流入湖的集水面积）。由湘江、资水、沅江、澧水及洞庭湖湖区区间水系（包括沿湖小河、堤垸排水、“四口”水系）等组成。地跨广东、广西、湖南、贵州、湖北、江西、重庆 7 省（自治区、直辖市），介于东经 109°38′~114°08′，北纬 24°39′~30°35′，南北长约 470 千米，东西宽约 555 千米，略呈正方形。

洞庭湖水系流域面积约占长江流域总面积的 14%，其中湖南省境内面积 20.5 万平方千米，占洞庭湖水系总流域面积的 78.3%，占湖南省总面积的 96.7%。

洞庭湖水系各支流流域面积组成表

| 支流名称 | | 流域面积 / 平方千米 | 范围所跨区域 |
|---|---|---|---|
| “四水”水系 | 湘江 | 94660 | 湖南、广西、广东、江西 4 省（自治区）69 县（市） |
| | 资水 | 28100 | 湖南、广西 2 省（自治区）25 县（市） |
| | 沅江 | 89800 | 湖南、贵州、广西、重庆、湖北 5 省（自治区、直辖市） |
| | 澧水 | 18583 | 湖南、湖北 2 省 12 县（市） |
| 湖区区间水系（沿湖小河、堤垸排水、“四口”水系） | | 31657 | 湖南、湖北、江西 3 省 39 县（市） |
| 总计 | | 262800 | |

## 7. 直接流入洞庭湖的河流有哪些？“四水”“四口”是指哪些河流？“四水”尾闾的含义是什么？

**答：**直接流入洞庭湖的河流有湘江、资水、沅江、澧水四大河流，俗称“四水”，还有长江松滋口、太平口、藕池口、调弦口（于1958年建闸封堵）“四口”分流河道，俗称“四口”水系（又称荆南“四河”），以及汨罗江、新墙河等沿湖小支流。湘江、资水、沅江、澧水、

藕池河东支

汨罗江及新墙河自南面流入洞庭湖，松滋口、太平口、藕池口、调弦口（于 1958 年建闸封堵）分流河道自北面流入洞庭湖。湘江、资水来水较早，主汛期为 5—7 月，沅江、澧水来水较晚，主汛期为 6—8 月，长江来水又晚于“四水”来水，主汛期为 6—8 月，9 月仍有可能发生大洪水。南北水系汇集后经湖泊调蓄在岳阳城陵矶进入长江。

湘江、资水、沅江、澧水“四水”尾闾是江河与湖泊的连接段，尾闾河段具有河流和湖泊的双重水文特性，其水位涨落既受到本河流上游来流量的影响又受到洞庭湖水位顶托的影响。洞庭湖高洪水位时，尾闾河段和天然湖泊连成一体，对入湖洪水起共同的调节作用。“四水”尾闾河段是指“四水”下游受洞庭湖洪水顶托影响的河段，选取水文测验断面作为分界点。湘江尾闾指湘潭水文站到濠河口的河段，资水尾闾指桃江水文站到甘溪港的河段，沅江尾闾指桃源水文站到德山的河段，澧水尾闾指石门水文站到小渡口的河段。

## 8. 洞庭湖素有“洪水一大片，枯水几条线”之说，怎样理解？

**答：** 洞庭湖属于浅水型构造沉降湖，湖泊水位受季节影响很大，具有“高水湖相，低水河相”的自然水情规律。在洪水期，湖盆中的洲滩被淹没，洪水沿着大堤上涨，湖域面积基本为一常数值；枯水期，水位降低，洲滩出露，水面面积迅速减小。洪水期城陵矶水位大于 30.00 米时（吴淞高程，下同），湖域范围基本上由大堤边界控制，湖域面积为 2500 平方千米左右，高洪水位时洞庭湖最大水域面积达 2625 平方千米；而在枯水期，一般年份洞庭湖水域面积可降低到 400 平方千米左右，特枯年份水域面积更小，2022 年最小水域面积仅 311 平方千米。

洞庭湖水位始涨于 4 月，7—8 月最高，11 月至翌年 3 月为枯水期。东洞庭湖城陵矶（七里山）水文站，多年平均水位为 24.80 米，月平均水位以 7 月最高，为 30.16 米,1 月平均水位最低，为 20.00 米，水位平均年变幅为 10.16 米。城陵矶（七里山）水文站历年最高水位为 35.94 米（1998 年 8 月 20 日），最低水位为 17.27 米（1960 年 2 月 16 日），最大变幅达 18.67 米。南洞庭湖沅江站历史最高水位为 37.09 米（1996 年 7 月 21 日），最低水位为 27.89 米（1992 年 12 月 24 日），相差 9.20 米。西洞庭湖南咀站历史最高水位为 37.62 米

（1996 年 7 月 21 日），最低水位为 27.69 米（1992 年 12 月 23 日），相差 9.93 米。故有“洪水一大片，枯水几条线”“霜落洞庭干”之说。

形成洞庭湖“洪水一大片，枯水几条线”自然水情景观的主要原因：一是洞庭湖特殊的湖盆结构，湖槽相对较小，洲滩发育；二是自 1860 年、1870 年“四口”形成以来，长江大量的泥沙由“四口”分流入湖，沉积在湖盆中，促使洲滩发育和扩展，洲滩高程抬高，湖槽日益萎缩。

## 9. 洞庭湖“四口”水系是如何形成的？

**答：**洞庭湖现有松滋口、太平口、藕池口、调弦口（于1958年建闸封堵）“四口”分流入湖。根据古籍记载，历史上在松滋口、藕池口形成以前，长江原有沦水（相当于现在的虎渡河）和生江水（相当于现在的调弦河），但其分流量较小。1860年大水，长江在石首藕池溃口，逐步形成藕池河；1870年大水，长江在松滋又溃口，逐步形成松滋河。至此就形成了长江“四口”分流进入洞庭湖的现代洞庭格局。“四口”水系形成后，来自长江的大量水沙进入洞庭湖，洞庭湖淤积加剧，湖泊水面面积减小，同时也造成了长江干流的萎缩。

关于藕池口的形成，《湖北通志》《石首县志》《湖南省志》《清宫档案》等记载基本一致：清咸丰二年（1852年）藕池溃口，由于民力拮据未修复，清咸丰十年（1860年）大水，在原溃口下游冲成大河。

藕池溃口后，首先在藕池镇下首分成东西两支，过黄金咀后又分裂成东西中三支。西支经康家岗、彭邱岭、官垱至丁家渡附近入湖；东支由黄金咀至江波渡附近入湖；中支由黄金咀至团山寺附近入湖。藕池溃口初期，分流分沙量很大，《石首县志》记载为“中分江水”，但由于口门及分流河道淤积，分流量减小较快，至1966年，藕池洪峰流量为松滋河的1.35倍，目前藕池洪峰流量和年分流水量均低于松滋河。藕池溃口后，长江大量泥沙进入洞庭湖，在入湖口迅速淤成大小沙洲，堵塞了华容河入湖通道，迫使华容河改道，同时使洞庭湖水面面积由全盛时期的 6000 平方千米左右开始逐步萎缩。

松滋口的形成与 1870 年洪水密切相关，清同治九年（1870 年）长江大水，枝城洪峰流量达 11 万立方米每秒，洪水高出堤顶约 5 米，造成庞家湾、黄家铺两地溃决，史称“庚午之灾”。溃口本在当年进行了堵复，但黄家铺、庞家湾因灾民尽皆逃离，堵复不牢，清同治十二年（1873 年）黄家铺复溃，荆江南岸自此又形成了松滋口。时人杨昌金等以“民生困敝，堵两口无力，堵一口无益”为由，“上吁官府留口待淤”。“当局为减轻洪水对江北的威胁，遂许”[1]。其后洪水泛滥达四五十年之久，生民饱受颠沛流离之苦。溃口形成后，《松滋地名志》记载，“江水纵横县境八十余里，随湖、港低洼四处漫溢，无定轨可循。厥后，民垸四起，江水自新口（今大口）而入。至 20 世纪初，始有定轨，东、西两支至此形成。”

松滋溃口后，分若干支汊直趋中河口，抢占了虎渡河入湖通道，从而迫使虎渡河改道从中河口向东循虎西山岗黄山头东麓南下。松滋河形成初期，入湖口位于今澧松大垸，随后由于大量的泥沙淤积促使西洞庭湖解体，部分湖面变成洪道，入湖口逐步下延至沅江共双茶大垸东端。从 1873 年至今，松滋河入湖口由澧松大垸下延了 130 余千米。

松滋口分流以后，原来的长江南支下段（即采穴河）过流量大大减少而迅速淤塞，加上围垦，原来 1000 多米宽的江面缩窄到 1984 年的 190 米，其后又在采穴河入口处建丁坝锁口，过洪能力进一步降低。

---

❶ 引自 1983 年版《松滋地名志》。

## 10. 同属平原型湖泊，洞庭湖和鄱阳湖有何异同？

**答：**洞庭湖由东洞庭湖、南洞庭湖、西洞庭湖（包括目平湖和七里湖）组成，湖床高程自东向西逐渐抬高，在接纳湘江、资水、沅江、澧水“四水”和周边其他入湖河流（如汨罗江、新墙河）来水的基础上，还接纳长江松滋口、太平口、藕池口、调弦口“四口”来水（调弦口于 1958 年建闸封堵），水流经湖泊调蓄后由城陵矶汇入长江。洞庭湖多年平均（1951—2020 年）径流量 2842 亿立方米，其中长江“四口”来水 850 亿立方米，占洞庭湖年径流量的 29.9%。

鄱阳湖接纳赣江、抚河、信江、饶河、修河“五河”和周边博阳河、漳田河、潼津河等小支流来水，经调蓄后由湖口注入长江。鄱阳湖略似葫芦形，以松山门为界，主湖区位于松山门以南，湖床宽广、较浅；松山门以北河道狭长、较深，是湖泊水流入长江的通道。通常情况下，鄱阳湖承纳的水流自南向北流入长江，当长江水位高过湖泊水位时，长江来水则倒灌入湖。鄱阳湖多年平均径流量 1480 亿立方米，平均每年接纳长江倒灌水量约 20 亿立方米。

洞庭湖和鄱阳湖均是长江中下游重要的平原型、调蓄型湖泊。洞庭湖还是“通江型”湖泊，在接纳湘江、资水、沅江、澧水“四水”的基础上，还通过松滋河、虎渡河、藕池河、华容河蓄纳长江来水，长江入湖水量多年均值达 850 亿立方米。而鄱阳湖仅有松山门以北水道与长江沟通，大部分情况下水流自湖泊流向长江，长江倒灌入湖的水量很小。因此，洞庭湖因接纳大量长江来水，对长江洪水的调蓄能力超过鄱阳湖，其防洪作用和面临的防洪压力亦大于鄱阳湖。

# 二、长江湖南段及江湖关系

# 11. 长江荆江段起点和终点在哪里？下荆江河段裁弯的主要内容是什么？

**答：**荆江河段位于长江中游，范围是从距三峡大坝下游约 105 千米的枝城到洞庭湖出口城陵矶，全长 347.2 千米，流经湖北省的宜都、枝江、松滋、荆州、公安、江陵、石首、监利以及湖南省的华容、君山等县（市、区）。北岸为江汉平原，南岸为洞庭湖平原，两岸地区资源丰富，土地肥沃，气候温和，河网纵横，湖泊密布，为我国重要的粮、棉、油产区，也是湖南、湖北两省的经济发达地区。由于水力输沙条件和边界条件的差异，以藕池口为界，可分为上、下荆江。上荆江为微弯分汊河型，长 171.7 千米；下荆江为典型的蜿蜒河型，长 175.5 千米。荆江来水主要是宜昌以上的长江干流，其间有支流清江、沮漳河汇入。长江分流进入洞庭湖的松滋河、藕池河、虎渡河位于上荆江南岸，华容河位于下荆江南岸。

100 多年以来，荆江河段自然裁弯和人工裁弯较频繁，共发生了 5 次自然裁弯和 2 次人工裁弯，分别为：古长堤（1887 年）、尺八口（1909 年）、河口（1910 年）、碾子湾（1949 年）、沙滩子（1972 年）自然裁弯和中洲子（1967 年）、上车湾（1969 年）人工裁弯。裁弯后上下游的河床和河势发生显著调整，使下荆江原河道长度缩短了约 78 千米，占全河道长度的 1/3。其中，1967—1972 年 6 年间的 3 次裁弯，使江湖关系发生了重大变化。

古长堤、尺八口和河口自然裁弯由于时代久远，无详细资料，其他几次裁弯情况如下：

（1）1949 年碾子湾自然裁弯：碾子湾弯道上起鱼尾洲，下迄范兴垸，长约 17.5 千米。1949 年是荆江的大洪水年，洪水峰高量大、历时长，1949 年 7 月弯道狭颈处一条长约 2.6 千米、深约 2 米、宽约 30 米的串沟被水流冲开，形成新河。碾子湾发生自然裁弯后新河发展异常迅速，1949 年 7 月自然裁弯后 2 个月，小型船只已畅行无阻，同年汛后其宽度已发展为上下游河道河宽的 1/2，约 360 米，深槽居中，平均水深 8.3 米，最大水深达 13.2 米。到 1950 年 5—6 月即通航江轮，在裁弯后的第二个汛期（1950 年 8 月 19 日），新河又有很大的发展，其河宽已达 700 米，右岸出现边滩，靠左岸形成深槽，最大水深约为 15.7 米，平均水深约为 8.8 米。在裁弯后的第三个汛期（1951 年 9 月 21 日），新河的河宽和平均水深均有更大的发展，两者分别为 1130 米和 15.4 米，接近下荆江弯道段的平均值。

（2）1967 年中洲子人工裁弯：中洲子河弯位于调弦河弯下游约 5 千米处，1964 年原长江流域规划办公室根据沙滩子和中洲子河弯之间的调弦河弯狭颈崩塌严重的情况，选定中洲子裁弯工程作为下荆江裁弯实验工程，1965 年经原水利电力部批准实施，1967 年 5 月引河开挖工程竣工过流，经过 1967 年汛期水流冲刷，汛后新河即成为长江主航道。

（3）1969 年上车湾人工裁弯：上车湾弯道段距离洞庭湖出口城陵

矶约 65 千米，上端为朱家港，下端为洪山头，全长 35.8 千米。弯道狭颈地区在砖桥附近，最短距离 1.85 千米，其上游为天字一号弯道，其下游为张马套顺直段。上车湾裁弯工程的引河工程于 1968 年 12 月 7 日开工，至 1971 年 1 月工程竣工，引河在水流冲刷作用下，逐步发展成新河，1970 年 5 月成为长江单线航道，1971 年 5 月成为长江主航道。

（4）1972 年沙滩子自然裁弯：沙滩子弯道位于藕池口下游 37 千米处，1949 年其上游的碾子湾河弯发生自然裁弯后，引起下游河势剧烈变化，1970 年汛后，狭颈最窄处的宽度仅 1.5 千米，已有明显的自然裁弯趋势。1970 年 11 月长江流域规划办公室（今长江水利委员会）、湖北省革命委员会水利电力局、荆州地区长江修防处、石首县（今石首市）和长江航道局等单位共同现场查勘后，规划在自然裁弯发生之前实施人工裁弯工程，争取在 1970 年冬季实施。由于种种原因，沙滩子裁弯工程未能及时实施，也未在沙滩子河弯狭颈区采取防止自然裁弯的工程措施，1972 年 7 月 19 日沙滩子河弯狭颈区被水流冲开，发生自然裁弯，形成的新河较人工裁弯规划的新河偏北约 2 千米。

## 12. 荆江大堤形成于什么时候？其历史过程是怎样的？

**答：** 荆江大堤一般是指长江中游荆江河段北岸堤防，自枣林岗至监利城南，堤长 182.35 千米，堤身高 14~16 米，为 1 级堤防。

荆江大堤始建于东晋，这一时期，滨临荆江的江陵城（今荆州古城）是该地区的政治、经济、文化中心。为保护江陵城免受水灾，永和年间（345—356 年），荆州刺史桓温令陈遵自江陵灵溪沿城临江地段修筑江堤，长度 3.5 千米。因这段江堤修筑得相当坚固，规模壮观且绿树成荫，所以当时以“金堤”名之。

五代时期，后梁将军倪可福于南平前期（约 907—927 年）在东晋金堤下游修筑寸金堤。

宋代（960—1279 年），由于辽金战乱，北人南迁，朝廷重视长江堤防修筑，相继分段接修或加修寸金堤、宋代沙市堤（郑獬堤），并有黄潭堤、登南堤、文村堤、新开堤、熊良工堤和黄师堤存世。

明代（1368—1644 年），大规模修筑江陵、监利等地长江堤防，自上而下修筑有阴湘城堤、李家埠堤、沙市堤、黄潭堤、杨二月堤、柴纪堤、文村堤等堤段。嘉靖二十一年（1542 年）荆江北岸郝穴被堵塞，至此，自堆金台至拖茅埠大堤连成一线，全长 124 千米，被人称作万城大堤。

清代（1644—1911 年），在明末万城大堤的基础上多次加高增厚、整险加固，顺治七年（1650 年）堵塞庞公渡口。

民国时期，万城大堤培修整险沿用清制，冬勘春修。1918 年，万城大堤改名为荆江大堤，并沿用至今。

中华人民共和国成立后，1951 年荆江大堤上段由堆金台向上延伸至枣林岗，增加 8.35 千米；1954 年以后，又划入拖茅埠以下至监利城南 50 千米堤段，自此，荆江大堤全长 182.35 千米。

荆江大堤

## 13. 长江干流湖南段河流岸线有多长？干堤长度是多少？

**答：** 长江干流湖南段河流岸线上起岳阳市华容县东山镇五马口，下至岳阳市临湘市黄盖湖镇铁山咀，全长 163 千米，包括下荆江河段和岳阳河段。湖南省下荆江河段上起五马口，下迄城陵矶，由监利、上车湾、荆江门、熊家洲、七弓岭、观音洲共 6 个弯曲段和弯曲段间的过渡段组成；岳阳河段上起城陵矶，下至铁山咀，为顺直分汊型河道。河道宽窄相间，呈藕节状，沿江两岸分布有城陵矶、白螺矶一道人矶、杨林山—龙头山、螺山—鸭栏等天然节点，将岳阳河段分为上、中、下三段，分别为城螺河段（城陵矶—螺山）、界牌河段（螺山—石码头）、石码头—铁山咀河段。河道内自上而下沿程分布有仙峰洲、南阳洲、新淤洲、南门洲等江心洲。

长江干堤湖南段均在岳阳市境内，又称岳阳长江干堤，上起华容县东山镇五马口，下至临湘市黄盖湖镇铁山咀，全长 142 千米，直接保护着岳阳市中心城区和华容、君山、岳阳楼、云溪、临湘 5 个县（市、区）所属沿江堤垸的 2000 多平方千米区域和 158 万人口。岳阳长江干堤加固前（1998 年）面宽只有 5~6 米，有 2/3 的堤段堤顶低于 1998 年洪水位，大堤堤身单薄，基础渗漏严重，穿堤涵闸老化，冲刷崩塌岸线长，每年汛期都要花费大量的人力和物力防洪抢险，其中

“天字一号”河段在 1998 年大洪水中因垒最高 2 米的子堤挡水（挡水最高 1.78 米），被称为“中华第一子堤”。1998 年特大洪水后，岳阳长江干堤加固工程被列入国家重点建设项目，工程按 2 级堤防标准设计，其中从莲花塘至道人矶长 12.08 千米堤段属岳阳市城市防洪大堤，按 1 级堤防标准设计。1 级堤防面宽 10 米，2 级堤防面宽 8 米；堤顶高程按设计洪水位超高 2 米，内、外坡比分别为 1∶3.5 和 1∶3，堤内设两级平台，堤顶下 4 米处内坡设 6 米宽的一级平台；二级平台面宽 10 米，在原地面上加高 1.0 米，堤面铺设 6 米宽的混凝土防汛公路，大堤外坡采用预制混凝土块护坡，内坡为草皮护坡。

长江干堤君山瓦湾段

## 14. 20世纪50年代长江中游通江湖泊有多大？目前还有多大？通江湖泊减少对长江中游防洪有何影响？

**答：** 长江中游通江湖泊包括洞庭湖和江汉湖群。根据1955年原长江流域规划办公室提供的长江中下游平原区防洪排渍方案资料，并对部分湖泊水位面积进行订正，20世纪50年代初期，长江中游可调蓄长江洪水的通江湖泊面积有12736平方千米，其中湖南省洞庭湖面积4350平方千米，湖北省通江湖泊面积8386平方千米。经过多年的演变，目前长江中游通江湖泊仅剩洞庭湖，湖泊面积也减少到2625平方千米，江汉湖群则全部变为围垸或内湖。20世纪50年代初期长江中游通江湖泊情况详见下表。

20世纪50年代初期长江中游通江湖泊情况

| 名称 | 通江口 | 原统计 | | | 高水时期 | |
|---|---|---|---|---|---|---|
| | | 水位/米 | 面积/平方千米 | 容积/亿立方米 | 水位/米 | 面积/平方千米 |
| 东洞庭湖 | 岳阳 | 33.66 | 1900.0 | 145.0 | | 1900.0 |
| 南洞庭湖 | 岳阳 | 34.10 | 1275.0 | 80.0 | | 1275.0 |

续表

| 名称 | 通江口 | 原统计 | | | 高水时期 | |
| --- | --- | --- | --- | --- | --- | --- |
| | | 水位 / 米 | 面积 / 平方千米 | 容积 / 亿立方米 | 水位 / 米 | 面积 / 平方千米 |
| 西洞庭湖 | 岳阳 | 36.95 | 740.0 | 43.0 | | 740.0 |
| 黄盖湖 | 太平口 | 27.40 | 168.0 | 6.5 | 31.94 | 229.0 |
| 西凉湖 | 金口 | 26.60 | 636.0 | 31.8 | 31.00 | 1032.0 |
| 鲁湖 | 金口 | 28.00 | 273.5 | | | |
| 梁子湖 | 樊口 | 22.57 | 1126.0 | 55.4 | | 1126.0 |
| 东西湖 | 谌家矶 | 22.68 | 265.0 | 4.5 | 29.84 | 747.0 |
| 武湖 | 阳罗 | 20.84 | 139.0 | 2.9 | 27.86 | 244.0 |
| 张渡湖 | 大埠街 | 23.60 | 282.0 | 10.8 | | 282.0 |
| 白潭湖 | | 25.40 | 190.0 | 8.9 | | 190.0 |
| 青菱湖 | 鲇鱼套 | 28.81 | 95.0 | 6.5 | | 95.0 |
| 汤荪湖 | 鲇鱼套 | 28.81 | 121.3 | 8.5 | | 121.0 |
| 海口湖 | 海口港 | | 22.8 | | | 23.0 |
| 大冶湖 | 韦源口 | | 80.9 | | | 81.0 |
| 网湖 | 富池口 | | 85.6 | | | 86.0 |
| 洪湖 | 新滩口 | 28.00 | 737.0 | 29.8 | 32.00 | 4130.0 |
| 大同湖 | 新滩口 | 28.00 | 236.0 | 8.9 | | |
| 大沙湖 | 新滩口 | 27.00 | 199.0 | 6.5 | | |
| 长湖 | 新滩口 | 33.00 | 230.0 | 7.6 | | |
| 三湖 | 新滩口 | 30.50 | 127.0 | 2.7 | | |
| 白露湖 | 新滩口 | 29.50 | 96.0 | 2.3 | | |
| 合计❶ | | | 9460.1 | | | 12736.0 |

❶ 合计值中，洞庭湖总面积按 4350 平方千米计。

长江中游通江湖泊对长江洪水起调蓄作用，通江湖泊减少相应地减少了调蓄容积，抬高了洪水位，对长江中下游防洪安全有较大影响。20 世纪 90 年代以来长江和洞庭湖区洪水灾害加剧，与通江湖泊减少有很大关系。

# 15. 长江湖南段的卡口河段有哪些？对洞庭湖出流有何影响？

**答：**长江湖南段卡口主要集中在城陵矶以下的岳阳河段，从城陵矶到鸭栏长约 30 千米，是长江和洞庭湖出口汇合河段。河段为顺直分汊型河道，宽窄相间，呈藕节状，左岸多为广阔的冲积平原，右岸多为断续低山丘陵，沿江两岸分布由基岩、露头形成的城陵矶、白螺矶一道人矶、杨林山一龙头山、螺山一鸭栏等突出节点，形成卡口。由于卡口狭窄，行洪断面急剧缩小，导致洞庭湖出流不畅，阻水严重，抬高了城陵矶附近地区的洪水位，是城陵矶高洪水位频发的重要原因之一。

该河段平均河宽 1940 米，平均水深 13.2 米，高洪时过水断面面积 36900 平方米。城陵矶处平滩河宽 1100 米，河道局部缩窄率为 42%；杨林山一龙头山卡口平滩河宽 1120 米，河道局部缩窄率为 42%。在上下节点中间河道宽阔，江心发育形成江心洲，白螺矶一道人矶卡口上游仙峰洲（丁家洲边滩）处最大河宽 2490 米，杨林山一龙头山卡口上游南阳洲汊道段最大河宽达 3200 米。

## 16. 长江湖南段主要的崩岸河段有哪些？三峡水库建成运行后长江崩岸情况有何变化？

**答：**长江湖南段上起五马口，下至铁山咀，河道总长 163 千米。长江湖南段主要崩岸河段自上而下包括下荆江河段的新沙洲段、上车湾段（包括天字一号、集成垸、天星阁）、洪水港段、荆江门段、七弓岭段以及岳阳河段的城螺河段、界牌河段等。

三峡水库蓄水运用后，长江中下游来水来沙条件发生较大的改变，坝下游河道正经历长时间、长距离再造过程。2003—2018 年，长江中下游干流河道共发生崩岸险情 946 处，总长度 705 千米。三峡水库蓄水初期，长江中下游干流河道崩岸长度有所增加，之后随着河道对新水沙条件的逐步适应调整，特别是护岸工程的实施，崩岸情势总体上趋缓。但 2014 年和 2016 年受中下游较大洪水的影响，崩岸长度又有所增加。

由于一系列河势控制工程、护岸工程的控制作用，三峡水库蓄水运用后，下荆江河段和岳阳河段河道基本保持原有的演变规律。由于三峡水库蓄水运用后清水下泄，河床冲刷加剧，局部河段河势调整变化，下荆江河段呈现出河段崩岸频次增多、崩岸河段增长、崩岸强度增大的特点；岳阳河段总体河势稳定，但分汊段河床冲淤变化较大，呈现一定周期性，随着冲刷向下游河道的逐步发展，该河段未来河势也会调整变化，不仅会影响已护工程的安全，也可能产生新的崩岸险情。

新洲脑长江丁坝

## 17. 什么是江湖关系？20 世纪 50 年代以来，江湖关系的演变有哪些主要阶段和特点？

**答：**江湖关系通常指长江干流和洞庭湖之间径流、泥沙通量以及水位、河道湖泊演变的关系。江湖关系的主要研究内容一般包括荆江河道演变、城汉河段演变、“四口”河道演变、洞庭湖冲淤变化、“三口”（松滋口、太平口和藕池口）分流分沙变化等五个方面。

1860 年、1870 年的两次长江特大洪水，导致藕池、松滋先后溃口，加上原有的虎渡河、华容河，长江来水通过“四口”水系分流入洞庭的格局形成。20 世纪 50 年代以来，长江干流河道裁弯、入湖口门封堵、水利工程建设等带来的持续影响使江湖关系发生了较为剧烈的变化，一般将其演变分为六个阶段：① 1951—1958 年[1]，中华人民共和国成立后至华容河建闸封堵前，该阶段的特点是长江“四口”分流分沙进入洞庭湖，分流量和分沙量都很大；② 1959—1966 年，华容河建闸封堵后至下荆江裁弯前，由于华容河建闸封堵，“四口”分流分沙变成了“三口”分流分沙，该阶段分流量和分沙量有所减小，但仍然较大；③ 1967—1972 年，下荆江裁弯期，受下荆江裁弯影响，

[1] 1949—1950 年无观测资料。

该阶段分流量和分沙量进一步减小；④ 1973—1980 年，下荆江裁弯后至葛洲坝水库运用前，该阶段下荆江裁弯的影响进一步显现，“三口”分流量和分沙量减小明显，洞庭湖淤积趋缓；⑤ 1981—2002 年，葛洲坝水库运用后至三峡水库运用前，该阶段“三口”分流量和分沙量仍呈减小趋势，但速度趋缓；⑥ 2003 年至今，三峡水库运用后时期，该阶段由于三峡水库及长江上游水库的建设运用，长江入湖泥沙量剧烈减小，洞庭湖基本达到冲淤平衡，同时“三口”入湖水量也有所减小，其中枯水期减小较明显。六个阶段中下荆江裁弯和三峡水库的建成运行对江湖关系的影响最为剧烈。

松滋口——长江分流进入洞庭湖

# 三、三峡工程与洞庭湖

## 18. 三峡水库是如何进行防洪调度的？对荆江补偿调度和对城陵矶补偿调度是怎么回事？

**答：** 三峡水库的防洪调度任务主要是对荆江河段进行防洪补偿，兼顾对城陵矶地区进行防洪补偿，分别是指以荆江河段防洪安全为目标和以城陵矶附近防洪安全为目标的两种水库调度方式。实时调度中，具体采用哪种调度方式，要视下游水情和库水位情况而定。

对荆江河段进行防洪补偿调度，主要适用于长江上游发生大洪水的情况，具体调度方式如下：汛期在实施防洪调度时，如三峡水库水位低于 171.00 米，控制三峡水库下泄流量使沙市站水位不高于 44.50 米；当三峡水库水位在 171.00~175.00 米时，控制下泄流量不超过 80000 立方米每秒，在配合采取分蓄洪措施条件下控制沙市站水位不高于 45.00 米。

兼顾对城陵矶地区进行防洪补偿调度，主要适用于长江上游洪水不大，三峡水库尚不需为荆江河段防洪大量蓄水，而城陵矶水位将超过长江干流堤防设计水位的情况。具体调度方式如下：汛期需要三峡水库为城陵矶地区拦蓄洪水，且三峡水库水位不高于 155.00 米时，按控制城陵矶水位 34.40 米进行补偿调节；当三峡水库水位高于 155.00 米之后，一般情况下，不再对城陵矶河段进行补偿调节。如果城陵矶附近地区防洪形势依然严峻，视实际情况，在保证荆江地区和库区防洪安全的前提下，开展长江上游水库群和三峡水库的联合调度，原则上，三峡水库水位不超过 158.00 米，补偿库容 76.9 亿立方米。

# 19. 三峡水库建成运行后对洞庭湖的影响主要有哪些方面？

**答：** 三峡水库的建成运行，对下游的影响面广且复杂，目前关于三峡水库对洞庭湖影响较为明确且各方认识较为一致的观点主要有以下三点：

一是三峡水库有 221.5 亿立方米防洪库容，加上与上游防洪水库联合调度，防洪库容更大，能够调蓄大量洪水，有力保障了长江中下游防洪安全，较大程度上缓解了洞庭湖的防洪压力；另外，清水下泄，冲深河道，使河道泄流能力加大，洪峰水位降低，这些对洞庭湖的防洪是有利的。

二是三峡水库拦水拦沙，使进入洞庭湖的泥沙大幅减少，洞庭湖从严重淤积转为冲淤基本平衡，从而有效减缓洞庭湖洪道湖泊淤积萎缩，延长了洞庭湖洪道湖泊“寿命”。

三是对洞庭湖水情、水资源利用及航运等方面的影响。随着三峡水库持续运行，水库清水下泄使中下游河道发生长时期、广范围的冲刷，荆江河段枯季水位下降明显，导致“四口”分流减少，断流天数增加，洞庭湖北部地区缺水趋于严重；河道演变态势发生新的变化，长江干流及“四口”水系的崩岸险情加剧；三峡水库蓄水期的 9—10 月，洞庭湖水位下降 2~3 米，导致枯水季节提前，改变了洞庭湖的水文节律，给洞庭湖的生态环境保护、水资源利用及航运发展带来一些新的挑战。

## 20. 三峡水库建成运行后，遇1954年洪水城陵矶地区的超额洪量是多少？超额洪量消纳的方案是什么？

**答：**三峡水库建成运行后，长江中下游防洪能力有了较大的提高，特别是荆江河段防洪形势有了根本性的改善。通过三峡水库调蓄，遇100年一遇及以下洪水，可使沙市水位不超过44.50米，不需启用荆江地区蓄滞洪区；遇1000年一遇或类似1870年特大洪水，通过三峡水库的调节，可控制枝城泄量不超过80000立方米每秒，配合荆江地区蓄滞洪区的运用，可控制沙市水位不超过45.00米，保证荆江河段行洪安全，有利于保障洞庭湖区防洪安全。

三峡水库建成运行后对城陵矶附近超额洪量有较大影响。遇1954年洪水，在现状江湖关系条件下，如果三峡水库不对洪水进行调节，则城陵矶附近超额洪量达436亿立方米；若三峡水库单独调节洪水，则城陵矶附近超额洪量可减少到305亿立方米。

长江上游干支流控制性水库的建设运行，对城陵矶附近超额洪量也有较大影响。长江上游干支流控制性水利枢纽陆续建成后，中下游防洪形势将进一步好转。根据目前的建设进程，至2020年上游建成并正常运行的溪洛渡、向家坝、紫坪铺、亭子口以及乌江构皮滩等水库，加上三峡水库共有防洪库容约 350 亿立方米，再遇 1954 年洪水，相应城陵矶附近超额洪量为 233 亿立方米。至 2030 年，考虑进一步建成的乌东德、白鹤滩、两河口、双江口等水库，长江上游水库加上三峡水库，共有防洪库容约 470 亿立方米，再遇 1954 年洪水，相应城陵矶附近超额洪量为 163 亿立方米。

按照 2020 年条件，遇 1954 年洪水，城陵矶附近超额洪量为 233 亿立方米，洞庭湖区蓄洪垸（又称“蓄滞洪区”）应承担消纳的超额洪量为 116.5 亿立方米，洞庭湖区重要蓄洪垸和一般蓄洪垸总有效蓄洪容积约为 113 亿立方米。因此，遇 1954 年洪水，洞庭湖区需要运用全部重要蓄洪垸和一般蓄洪垸以消纳超额洪量。至 2022 年年末，两河口、乌东德和白鹤滩水库相继投入运行，目前长江上游实有防洪水库共 24 座，总防洪库容 469 亿立方米，基本达到规划目标年 2030 年的条件。

# 21. 长江上游已建或在建的主要防洪水库有哪些？规划建设的有哪些？它们与三峡水库联合调度后对洞庭湖的防洪作用有多大？

**答：** 截至 2020 年，长江上游已建重要防洪水库共 21 座，总预留防洪库容 350 亿立方米左右；在建重要防洪水库（预计 2030 年前全部建成）4 座，总预留防洪库容 126 亿立方米；规划新建重要防洪水库总防洪库容 74.3 亿立方米。

至 2022 年年末，两河口、乌东德和白鹤滩水库相继投入运行，目前长江上游已有重要防洪水库共 24 座，总防洪库容 469 亿立方米。

根据水利部长江水利委员会洞庭湖综合治理规划的研究成果，考虑上游已建的 21 座重要防洪水库（基准年 2020 年），配合中游防洪水库联合调度，重现 1954 年洪水，洞庭湖城陵矶附近（以城陵矶水位 34.40 米为控制目标，下同）的分洪量将由原规划的 320 亿立方米减少至 233 亿立方米，重现 1998 年洪水将只需分洪 6 亿立方米，其他大水年份如 1996 年、1999 年、2002 年等则不需要分洪。如进一步考虑两河口、乌东德、白鹤滩和双江口 4 座防洪水库投入运行，总共 25 座防洪水库联合调度，对于 1954 年洪水，洞庭湖城陵矶附近的分洪量将进一步减少至 163 亿立方米左右，中华人民共和国成立以来的其他大水年份则不需要分洪。

长江上游重要防洪水库情况表

| 水系名称 | 水库名称 | 所在河流 | 控制流域面积/万平方千米 | 规划防洪库容/亿立方米 | 建设情况 |
|---|---|---|---|---|---|
| 长江 | 三峡 | 干流 | 100 | 221.5 | 已建 |
| 金沙江 | 虎跳峡河段 | 干流 |  | 58.6 | 规划新建 |
|  | 梨园 |  | 22 | 1.73 | 已建 |
|  | 阿海 |  | 23.5 | 2.15 | 已建 |
|  | 金安桥 |  | 23.74 | 1.58 | 已建 |
|  | 龙开口 |  | 23.97 | 1.26 | 已建 |
|  | 鲁地拉 |  | 24.73 | 5.64 | 已建 |
|  | 观音岩 |  | 25.65 | 5.42 | 已建 |
|  | 乌东德 |  | 40.61 | 24.4 | 已建 |
|  | 白鹤滩 |  | 43.03 | 75 | 已建 |
|  | 溪洛渡 |  | 45.44 | 46.5 | 已建 |
|  | 向家坝 |  | 45.88 | 9.03 | 已建 |
| 雅砻江 | 上游梯级 | 干流 |  | 5 | 规划新建 |
|  | 两河口 |  | 5.96 | 20 | 已建 |
|  | 锦屏一级 |  | 9.67 | 16 | 已建 |
|  | 二滩 |  | 11.64 | 9 | 已建 |
| 岷江 | 十里铺 | 干流 | 1.35 | 1 | 规划新建 |
|  | 紫坪铺 |  | 2.27 | 1.67 | 已建 |
|  | 下尔呷 | 大渡河 | 1.55 | 8.7 | 规划新建 |
|  | 双江口 |  | 3.93 | 6.63 | 在建 |
|  | 瀑布沟 |  | 7.27 | 11 | 已建 |
|  | 上寨 | 绰斯甲河 | 1.03 | 1 | 规划新建 |

续表

| 水系名称 | 水库名称 | 所在河流 | 控制流域面积/万平方千米 | 规划防洪库容/亿立方米 | 建设情况 |
|---|---|---|---|---|---|
| 乌江 | 构皮滩 | 干流 | 4.33 | 4 | 已建 |
| | 思林 | | 4.86 | 1.84 | 已建 |
| | 沙沱 | | 5.45 | 2.09 | 已建 |
| | 彭水 | | 6.9 | 2.32 | 已建 |
| 嘉陵江 | 碧口 | 白龙江 | 2.6 | 1.03 | 已建 |
| | 宝珠寺 | | 2.84 | 2.8 | 已建 |
| | 亭子口 | 干流 | 6.26 | 14.4 | 已建 |
| | 草街 | | 15.61 | 1.99 | 已建 |

注 1. 金沙江虎跳峡河段的水库处于规划建设阶段，表中不再单独列出具体的水库名称。
2. 雅砻江上游梯级水库是对上游水库的统称，表中不再单独列出具体的水库名称。
3. “已建”指截至2022年已建成运行的水库。

乌东德水电站

# 四、洞庭湖水文特性及洪水灾害

# 22. 洞庭湖入湖、出湖水文控制站有哪些？为什么说城陵矶（七里山）水文站是洞庭湖水情的晴雨表？洞庭湖区主要水文测站还有哪些？

**答：** 洞庭湖入湖水文控制站主要有“四水”控制站，分别为湘江的湘潭站、资水的桃江站、沅江的桃源站、澧水的石门站；长江“四口”水文控制站分别为松滋河的新江口站和沙道观站、虎渡河的弥陀寺站、藕池河的康家岗站和管家铺站，调弦口于 1958 年建闸封堵，目前华容河未设水文控制站。

洞庭湖出湖控制站只有一个，为城陵矶（七里山）水文站 [ 简称城陵矶（七里山）站 ]。城陵矶（七里山）站初设于 1904 年 1 月 1 日，几经改革变更，于 1952 年 4 月隶属于水利部长江水利委员会水文局。站址位于湖南省岳阳市七里山，测验河段为洞庭湖出口洪道，水道全长 7.5 千米，上起岳阳市北门渡口，下至城陵矶，河段顺直，断面位于江湖汇合口上游 3.5 千米处。

城陵矶（七里山）站被誉为洞庭湖水情“晴雨表”，该站是长江中游防洪控制的关键点，为长江防汛提供重要的水文数据支撑。同时，城陵矶（七里山）站地处江湖汇流区，是监测洞庭湖出湖水情沙情的国家重要水文站，其水情信息一方面反映了洞庭湖来水情况，另一方面也反映了江湖汇流关系和干流与支流相互影响的水文情势，为防汛决策提供依据。

洞庭湖接纳湖南湘江、资水、沅江、澧水“四水”和长江“四口”来水来沙，经调蓄后汇入长江，构成了复杂的江湖关系。城陵矶是洞庭湖唯一汇入长江的出水口，城陵矶（七里山）站的水文资料是洞庭湖及长江流域防洪、生态修复、河道治理、岸线综合利用规划的依据，也在洞庭湖生态经济区和长江经济带建设中发挥着重要的作用。此外，城陵矶（七里山）等水文站监测到的泥沙数据，能反映洞庭湖来沙和排沙情况，了解人类活动影响下河流、湖泊的水沙运动规律，为开展相关科学研究及湖区生态治理提供技术支撑。

城陵矶（七里山）站的水质监测数据也是洞庭湖生态治理的依据。如东洞庭湖国家级自然保护区，一直以来是越冬候鸟的重要栖息地，近年来，俄罗斯黑天鹅在迁徙过程中也在此停留。城陵矶（七里山）站提供的水质情况、水量变化数据，是湿地保护的重要依据。

城陵矶（七里山）站肩负着长江中下游防汛测报、洞庭湖区泥沙淤积和生态保护监测的重任，是当之无愧的洞庭湖水情“晴雨表”。

根据防汛、水资源利用、环境保护及水利工程运行管理等方面的需要，洞庭湖区除城陵矶（七里山）站外，还建立了专门的水文观测站网，主要包括七里湖的石龟山站，松虎洪道的安乡站，西南洞庭湖的南咀站、小河咀站、沅江站，草尾河的草尾站，东洞庭湖沿线的湘阴站、鹿角站、营田站、岳阳站等。“四水”尾闾和“四口”水系也建有相应的水文站和水位站。

## 23. 长江中游及洞庭湖区主要控制站的历史最高水位、最低水位、最大流量、最小流量分别是多少？

**答：** 洞庭湖区主要水文控制站历史最高水位和最大流量大部分出现在 20 世纪 90 年代的 1998 年、1996 年洪水过程中。沅江、澧水、资水入湖控制站历史最高水位和最大流量也主要出现在 20 世纪 90 年代的 1998 年、1996 年洪水过程中；湘江最大流量出现在 2019 年，最高水位长沙站出现在 2017 年，湘潭站出现在 1994 年。长江中游主要控制站历史最高水位和最大流量大都出现在 20 世纪的 1954 年、1998 年洪水过程中。最低水位、最小流量出现的年份则比较分散。详细统计见下表。

长江中游及洞庭湖区控制站水位、流量特征值表

| 河名 | 站名 | 水位/米 | | | | 流量/立方米每秒 | | | |
|---|---|---|---|---|---|---|---|---|---|
| | | 最高 | 日期 | 最低 | 日期 | 最大 | 日期 | 最小 | 日期 |
| 长江中游 | 宜昌 | 55.73 | 1954-08-07 | 38.07 | 2003-02-09 | 70800 | 1981-07-18 | 2770 | 1979-03-08 |
| | 沙市 | 45.22 | 1998-08-17 | 30.02 | 2003-02-10 | | | | |
| | 石首 | 40.94 | 1998-08-17 | 25.37 | 1999-03-29 | | | | |
| | 监利 | 38.31 | 1998-08-17 | 22.74 | 1974-03-07 | 46300 | 1998-08-17 | 2650 | 1952-02-05 |
| | 莲花塘 | 35.80 | 1998-08-20 | 只观测汛期水位 | | | | | |
| | 螺山 | 34.95 | 1998-08-20 | 15.56 | 1960-02-16 | 78800 | 1954-08-07 | 4060 | 1963-02-05 |
| | 汉口 | 29.73 | 1954-08-18 | 11.70 | 1961-02-05 | 76100 | 1954-08-14 | 4830 | 1963-02-07 |
| 『三口』洪道 | 新江口 | 46.18 | 1998-08-17 | 34.05 | 1979-04-22 | 7910 | 1981-07-19 | 0 | 2000-01-08 |
| | 沙道观 | 45.52 | 1998-08-17 | 河干 | 1982-05-23 | 3730 | 1954-08-06 | −30 | 1967-05-09 |
| | 弥陀寺 | 44.90 | 1998-08-17 | 31.57 | 1978-04-20 | 3210 | 1962-07-10 | 0 | 大部分年份 |
| | 管家铺 | 40.28 | 1998-08-17 | 28.64 | 1988-05-06 | 11900 | 1954-07-22 | −22 | 1974-04-22 |
| | 康家岗 | 40.44 | 1998-08-17 | 河干 | 大部分年份 | 2890 | 1954-07-22 | −64.6 | 1979-06-28 |
| | 官垸 | 43.00 | 1998-07-24 | 28.75 | 2014-02-07 | 3350 | 1981-07-20 | −1780 | 2003-07-10 |
| | 自治局 | 41.38 | 1998-07-24 | 28.57 | 1993-02-09 | 5100 | 1960-07-26 | −750 | 1998-07-24 |
| | 大湖口 | 41.34 | 1998-07-24 | 29.33 | 1999-04-10 | 2530 | 1991-07-08 | −14.1 | 1973-04-06 |

续表

| 河名 | 站名 | 水位/米 | | | | 流量/立方米每秒 | | | |
|---|---|---|---|---|---|---|---|---|---|
| | | 最高 | 日期 | 最低 | 日期 | 最大 | 日期 | 最小 | 日期 |
| 『四水』尾闾 | 湘潭 | 41.95 | 1994-06-18 | 26.05 | 2011-12-21 | 26400 | 2019-07-10 | 100 | 1966-10-06 |
| | 桃江 | 44.44 | 1996-07-17 | 30.75 | 2015-02-08 | 15300 | 1955-08-27 | 11.4 | 2015-02-08 |
| | 桃源 | 47.37 | 2014-07-17 | 29.56 | 2020-12-31 | 29100 | 1996-07-17 | 36.5 | 2020-12-31 |
| | 石门 | 62.66 | 1998-07-23 | 48.67 | 1990-12-31 | 19900 | 1998-07-23 | 1 | 1996-01-01 |
| 洞庭湖 | 石龟山 | 41.89 | 1998-07-24 | 28.34 | 2014-02-07 | 12300 | 1998-07-24 | 0.35 | 1958-02-27 |
| | 小河咀 | 37.57 | 1996-07-21 | 27.69 | 1992-12-23 | 23100 | 2003-07-11 | 34.6 | 1955-02-04 |
| | 南咀 | 37.62 | 1996-07-21 | 27.16 | 1996-03-09 | 19000 | 2003-07-11 | 27 | 1979-03-07 |
| | 沅江 | 37.09 | 1996-07-21 | 27.89 | 1992-12-24 | | | | |
| | 营田 | 36.54 | 1996-07-22 | 21.05 | 1972-01-31 | | | | |
| | 七里山 | 35.94 | 1998-08-20 | 17.27 | 1960-02-16 | 49400 | 2017-07-04 | 377 | 1975-10-05 |

注　水位基面为冻结基面，统计资料为中华人民共和国成立以后的水文记录。

## 24. 洞庭湖汛期和枯期是怎样划分的？水位的年际变化情况是怎样的？湘江、资水、沅江、澧水洪水汇入洞庭湖要多久？

**答：**根据防汛部门的规定，湖南省河流防汛的汛期为每年的 4 月 1 日至 9 月 30 日。洞庭湖的汛期也为每年的 4 月 1 日至 9 月 30 日，主汛期为 6—8 月。

洞庭湖素有“洪水一大片，枯水一条线”之称，大水时洲土淹没，汪洋一片；枯水时河干水浅，出现水位偏低的极端现象，水位年际变幅很大。洞庭湖湖区地势从西北向东南降低，湖区各部分的最高水位有所差别，淤积和边界特征等自然地理条件不同，人为影响的情况不一，各部分水位的变幅也不一致。其中，东洞庭湖城陵矶（七里山）站最低水位 17.27 米，最高水位 35.94 米（冻结高程，下同），水位变幅达 18.67 米；南洞庭湖杨柳潭站最低水位 26.48 米，最高水位 36.75 米，水位变幅达 10.27 米；西洞庭湖南咀站最低水位 27.69 米，最高水位 37.62 米，水位变幅 9.93 米。详见下表。

由于湘江、资水、沅江、澧水“四水”河口与洞庭湖出口的距离不一样，所以汇入洞庭湖的时间也不同。其中，湘江河口距离最近，汇入洞庭湖的时间最短；澧水河口距离最远，汇入洞庭湖的时间最长。

洞庭湖区各站水位变幅表

| 水系 | 站名 | 实测最高 | | 实测最低 | | 水位变幅 / 米 |
|---|---|---|---|---|---|---|
| | | 水位 / 米 | 日期 | 水位 / 米 | 日期 | |
| 洞庭湖 | 安乡 | 40.44 | 1998-07-24 | 28.07 | 1972-02-02 | 12.37 |
| | 周文庙 | 38.79 | 1996-07-20 | 28.05 | 1974-01-12 | 10.74 |
| | 南咀 | 37.62 | 1996-07-21 | 27.69 | 1992-12-23 | 9.93 |
| | 小河咀 | 37.57 | 1996-07-21 | 27.81 | 1992-12-08 | 9.76 |
| | 沙头 | 38.15 | 1996-07-21 | 26.17 | 1962-01-10 | 11.98 |
| | 沅江 | 37.09 | 1996-07-21 | 27.89 | 1992-12-24 | 9.20 |
| | 湘阴 | 36.66 | 1996-07-21 | 20.54 | 2019-12-20 | 16.12 |
| | 杨柳潭 | 36.75 | 1996-07-22 | 26.48 | 1992-12-24 | 10.27 |
| | 鹿角 | 36.13 | 1998-08-20 | 18.71 | 1951-01-01 | 17.42 |
| | 罗文窖 | 37.57 | 1998-08-20 | 26.14 | 1979-04-02 | 11.43 |
| | 城陵矶（七里山） | 35.94 | 1998-08-20 | 17.27 | 1960-02-16 | 18.67 |

同一河流，上游汇入洞庭湖的时间较长，下游汇入洞庭湖的时间较短。

湘江洪水汇入洞庭湖：从湘江上游永州老埠头站、控制站湘潭站汇入到洞庭湖城陵矶（七里山）站的时间分别为 5~6 天、2~3 天。

资水洪水汇入洞庭湖：从资水上游新宁站、控制站桃江站汇入到洞庭湖城陵矶（七里山）站的时间分别为 5~6 天、2~3 天。

沅江洪水汇入洞庭湖：从沅江上游贵州锦屏站、控制站桃源站汇入到洞庭湖城陵矶（七里山）站的时间分别为 5~6 天、3~4 天。

澧水洪水汇入洞庭湖：从澧水上游桑植站、控制站石门站汇入到洞庭湖城陵矶（七里山）站的时间分别为 4~5 天、3~4 天。

# 25. 洞庭湖水资源量有多少？时空分布有何特点？

**答：**洞庭湖作为一个河道型湖泊，水系众多，水源流长，其水资源量主要由过境水量、本地地表水资源量及地下水资源量组成，以过境水资源量为主。城陵矶多年（1951—2020 年）平均出湖水量 2842 亿立方米，而洞庭湖平原区本地水资源量为 158 亿立方米，其余均为过境水资源量。洞庭湖区水资源的月分配很不均匀，月径流量以 6 月最大，连续最大四个月径流量一般出现在 4—7 月。流域内河川径流属雨水补给型，受季风环流影响，雨量多集中于春夏，河流相应出现汛期。此时湘江、资水、沅江、澧水“四水”和来自长江“三口”的洪水遭遇，在这个宽浅型的湖泊容易形成灾害性洪水，而汛期过后，由于径流量大幅减小、水库蓄水及“四口”断流等因素，导致枯水期又形成生产和生活用水短缺，水资源结构性矛盾突出。

洞庭湖平原区不仅是一个调节洪水的地表水库，也是一个巨大的地下水库。受地质构造、岩性、地形和气候的影响，地下水储存在松散岩类孔隙、碎屑岩类裂隙、基石裂隙、碳酸盐岩类裂隙中，这部分地下水和地表水以流动、蒸发、入渗的形式充分交换，每年交换量约为 20 亿立方米，其中蒸发量约为 7 亿立方米。

支持洞庭湖区生产生活的水资源主要为地表水，但随着国民经济的日趋发展和人民生活需要，加上地表水污染日趋严重，洞庭湖区地下水资源越来越受到人们的重视。最开始人们以开井、扩泉的方式开发和利用地下水，主要作为生活用水的补充，随着工业的发展，部分城镇和企业开始以钻井（或管井）的方式利用地下水。目前每年地下水利用总量约为 8000 万立方米，但地下水中铁锰含量高的因素一直制约着湖区地下水水资源的开发利用。

洞庭湖区水资源总体丰富，同时也存在着水资源结构性、季节性和水质性矛盾。长江上游水利工程建成运行后，导致洞庭湖区枯水期提前，特别是水库蓄水的 9—10 月，水位下降明显。通常年份，城陵矶 10 月水位维持在 26.00 米左右，但近些年已下降至 23.00 米左右，下降了 2.00~3.00 米。长江“三口”断流时间逐年增加，虎渡河、藕池河东支以及松东河断流时间年均 5~6 个月，藕池河西支断流时间超 9 个月，仅剩松西河基本不断流。2006 年，藕池河西支全年断流时间 336 天，安乡、华容、南县等县市有 36.67 万公顷耕地和 300 多万人口严重缺水；2022 年 7 月 10 日至 2023 年 8 月，藕池河西支连续断流 380 天以上，超历史记录。

## 26. 洞庭湖区泥沙淤积情况是怎样的？三峡水库建成运行后洞庭湖泥沙淤积量显著减小的主要原因是什么？

**答：**洞庭湖接纳“四水”，吞吐长江。多年（1951—2020年）平均水量2842亿立方米，“四口”入湖沙量年均1.01亿吨，“四水”入湖沙量年均0.25亿吨，合计1.26亿吨；城陵矶出湖沙量年均0.37亿吨，沉积在洞庭湖的沙量年均0.89亿吨（未计入湖区区间来沙量），1951—2020年泥沙总淤积量62.3亿吨。

自从1860年、1870年长江大水冲开藕池、松滋两口后，来自长江的大量泥沙进入洞庭湖，洞庭湖淤积加剧，湖泊水面面积减小。此后由于江湖关系的演变，“四口”（调弦口于1958年建闸封堵）入湖泥沙呈减小趋势，洞庭湖淤积也呈减小趋势，但自然演变较为缓慢。人类活动影响江湖关系的两次重大事件是下荆江裁弯和三峡水库的建成运行。下荆江裁弯后，城陵矶以上河段水流坡降变陡，流速加快，泄量加大，“三口”分流分沙比减小，进入洞庭湖的泥沙量也减小，洞庭湖淤积得到较大程度的缓和。三峡水库，包括长江三峡上游一些大型水库建成运行后，长江来沙量锐减90%以上，荆江河段冲刷严重，“三口”分流量进一步减小，“三口”入湖沙量急剧减少，洞庭湖进出沙量达到基本平衡状态。

据统计，下荆江裁弯前（1951—1966 年）洞庭湖的年均淤积量达 1.78 亿吨，裁弯后（1973—1998 年）洞庭湖的年均淤积量为 0.94 亿吨；三峡水库建成运行前（1981—2002 年）洞庭湖的年均淤积量为 0.8 亿吨，三峡水库建成运行后（2003—2020 年）洞庭湖的年均淤积量为 −72 万吨。

上述数据表明，三峡水库建成运行后洞庭湖泥沙淤积量显著减少，已达基本冲淤平衡状态。主要原因是三峡水库建成运行后，包括三峡上游一些大型水库的建设运用，由于库区水流变缓，大量泥沙淤积在库区段，水库下游水流含沙量锐减。另外，水土保持措施、河流采砂，以及降雨强度等也是造成长江来沙量减少的因素。据统计，长江枝城水文站三峡水库建成运行后来沙量减少了 92% 左右，“四口”入湖沙量减少 93%。与此同时，“四水”入湖沙量也减少了 70% 左右，这些因素共同造成了三峡水库建成运行后洞庭湖的淤积量显著减少。

三峡工程

## 27. 长江“四口”分泄长江流量和泥沙，其分流比和分沙比是多少？三峡水库建成运行后情况变化如何？

**答：** 长江“四口”（调弦口于 1958 年建闸封堵）分泄长江流量和泥沙，其分流比和分沙比随着江湖关系的变化而变化，在藕池口和松滋口形成初期，分流比和分沙比很大，长江大部分洪水和泥沙流入洞庭湖，分流比、分沙比都超过 1/2。其后随着分洪口和分流河道的淤积堵塞，分流比、分沙比呈减小趋势，最初减小的速度很快，后来逐步变缓。人类活动也是导致“四口”分流分沙比发生变化的重要因素，引起分流分沙比发生较大变化的人类活动事件主要有下荆江裁弯和三峡水库的建成运行。

1951 年以前，虽然分流分沙比较大，但由于当时没有系统的水文观测资料，尤其是缺乏泥沙观测资料，所以无法精确统计分流分沙比。根据 1951—2020 年水文资料的统计，“四口”分流分沙情况见下表，长江干流以枝城水文站为代表站。

“四口”分流分沙情况表

| 时期 | 枝城站径流量/亿立方米 | “四口”分流 | | 枝城站输沙量/亿吨 | “四口”分沙 | |
|---|---|---|---|---|---|---|
| | | 分流量/亿立方米 | 分流比/% | | 分沙量/亿吨 | 分沙比/% |
| 下荆江裁弯前（1951—1966年） | 4625 | 1416 | 30.6 | 5.38 | 2.05 | 38.7 |
| 下荆江裁弯后（1973—1998年） | 4439 | 729 | 16.4 | 4.98 | 0.99 | 19.9 |
| 三峡水库建成运行前（1981—2002年） | 4440 | 685 | 15.4 | 4.65 | 0.87 | 18.7 |
| 三峡水库建成运行后（2003—2020年） | 4285 | 498 | 11.6 | 0.42 | 0.087 | 20.7 |
| 多年平均（1951—2020年） | 4432 | 850 | 19.2 | 3.81 | 1.01 | 26.5 |

表中数据表明，下荆江裁弯前的20世纪50—60年代“四口”分流分沙比都比较大，下荆江裁弯后分流分沙比迅速减小。三峡水库建成运行后，分流比进一步减小，但当枝城流量大于30000立方米每秒以上时，分流比基本维持不变，枯水期分流比有所降低。

# 28."四口"水系各河流断流情况是怎样的？三峡水库建成运行后有何变化？

**答：**长江"四口"（调弦口于 1958 年建闸封堵）分流入湖主要集中在汛期，冬春枯水季节常出现断流现象。1972 年下荆江裁弯前，松滋口未出现断流情况，太平口、藕池口偶有断流；下荆江裁弯后，藕池口每年断流 250 天左右，松滋东支及太平口每年断流 150 天左右。2003 年三峡水库建成运行后，松滋口、太平口、藕池口连续断流天数增加。在特殊年份（如 2006 年），沙道观、管家铺、康家岗三站断流期可长达半年以上，其中康家岗站甚至断流 11 个月，累计长达 336 天。"三口"控制站年均断流天数统计见下表。

"三口"控制站年均断流天数统计表

| 时段 | | "三口"控制站年均断流天数 / 天 | | | |
|---|---|---|---|---|---|
| | | 松滋口 | 太平口 | 藕池口 | |
| | | 沙道观站 | 弥陀寺站 | 管家铺站 | 康家岗站 |
| 1956—1966 年 | 下荆江裁弯前 | 0 | 35 | 17 | 213 |
| 1967—1972 年 | 下荆江裁弯期 | 0 | 3 | 80 | 241 |
| 1973—1980 年 | 下荆江裁弯后 | 71 | 70 | 145 | 258 |

续表

<table>
<tr><th colspan="2" rowspan="3">时段</th><th colspan="4">“三口”控制站年均断流天数 / 天</th></tr>
<tr><th>松滋口</th><th>太平口</th><th colspan="2">藕池口</th></tr>
<tr><th>沙道观站</th><th>弥陀寺站</th><th>管家铺站</th><th>康家岗站</th></tr>
<tr><td>1981—1998 年</td><td rowspan="2">葛洲坝运行期至三峡水库蓄水运用前</td><td>167</td><td>152</td><td>161</td><td>251</td></tr>
<tr><td>1999—2002 年</td><td>189</td><td>170</td><td>192</td><td>235</td></tr>
<tr><td>2003—2021 年</td><td>三峡水库蓄水运用后</td><td>181</td><td>141</td><td>179</td><td>271</td></tr>
<tr><td colspan="2">2019 年</td><td>160</td><td>145</td><td>180</td><td>262</td></tr>
<tr><td colspan="2">2020 年</td><td>130</td><td>193</td><td>190</td><td>243</td></tr>
<tr><td colspan="2">2021 年</td><td>148</td><td>161</td><td>155</td><td>279</td></tr>
<tr><td colspan="2">2022 年</td><td>113</td><td>222</td><td>309</td><td>227</td></tr>
</table>

## 29. 洞庭湖水系中，“四口”与“四水”洪水遭遇、“四水”之间洪水遭遇概率如何？

**答：**洞庭湖洪水主要来源于湘江、资水、沅江、澧水“四水”入流，长江“四口”（调弦口于 1958 年建闸封堵）分流及洞庭湖区间产流三部分。由于自然地理的差异，其洪水特性、洪峰形态亦有明显不同。“四口”洪水源于长江，因此其水文情势与长江一致，鉴于长江源远流长，一次洪水过程往往历时 30~60 天之久，且经常出现洪水前峰未落，后峰接踵而至，形成连续性重叠复峰的态势。而“四水”水系的洪水，主要由水系内的暴雨形成，由于流域地形以山地和丘陵为主，河流坡降大，产流快且汇流时间短，径流易于集中，所以“四水”洪水较长江洪水峰形瘦、历时短、陡涨陡落。在“四水”水系中，各河流的水文情势也存在一定的差别，其中资水和澧水因流域面积相对较小，且地形陡峻，故洪水峰高而量不大，具有暴涨暴落的特点，一般历时 3~5 天。湘江和沅江流域面积相对较大，水源广泛，其洪水则以量大峰高、峰形高胖为特征，涨落一般历时 7~10 天。因此，洞庭湖的洪水，尤其是罕见的特大洪水，实际上是“四水”和“四口”洪水遭遇的结果。发生特大洪水期间，流域内暴雨中心反复巡回转移，可造成各个入湖水系上游轮回涨水，洪水入湖后便产生叠加现象。洞庭湖最不利的洪水便是“四水”洪水与长江洪水遭遇。

“四水”和“四口”洪水在发生时间上存在一定差异，但洪水遭遇的概率却很大。湘江年最大洪峰最早出现在 3 月，最晚出现在 10 月，较多出现在 5 月和 6 月；资水年最大洪峰最早出现在 3 月，最晚出现在 11 月，较多出现在 6 月；沅江年最大洪峰最早出现在 4 月，最晚出现在 11 月，较多出现在 7 月；澧水年最大洪峰最早出现在 3 月，最晚出现在 9 月，较多出现在 6 月和 7 月。从“四水”洪水发生时间的一般规律来看，资水比湘江晚，沅江比资水晚，澧水比沅江稍晚。“四口”洪水特性同长江上游来水一致，洪峰主要出现在 5—10 月，最多出现在 7 月，其次是 6 月。洞庭湖的洪水特性反映了“四水”和“四口”洪水的综合特性。

根据 1951—2020 年洪水资料的统计，洞庭湖水系洪水遭遇情况为：“四水”中两水洪峰遭遇的有 31 次，三水洪峰同时遭遇的有 9 次，湘江和澧水洪峰没有遭遇，“四水”洪峰同时遭遇的情况也没有发生。“四口”洪峰与“四水”其中之一洪峰遭遇的有 5 次，“四口”洪峰与“四水”中两水洪峰同时遭遇的则没有。再从洪水过程遭遇来看，“四水”中两水洪水过程遭遇的有 36 次，三水洪水过程同时遭遇的有 7 次，“四水”洪水过程同时遭遇的则没有，“四口”洪水过程与“四水”其中之一洪水过程遭遇的有 9 次，“四口”洪水过程与“四水”中两水洪水过程遭遇的则没有。

统计结果表明，资水与沅江洪水遭遇的概率最大，洪峰遭遇的概率为 19%，洪水过程遭遇的概率为 35%；其次是湘江与资水洪水遭遇，洪峰遭遇和洪水过程遭遇的概率分别为 19% 和 25%；再次是沅江与澧水洪水遭遇，洪峰遭遇和洪水过程遭遇的概率分别为 21% 和 19%；湘江与沅江洪峰遭遇及洪水过程遭遇的概率分别为 6.9% 和 16.7%，概率虽不是很大，但由于两条河流控制面积占“四水”总面积的 80%，一旦遭遇对洞庭湖洪水的影响很大。

# 30. 洞庭湖洪水的主要成因是什么？历史上有哪些主要的大水年？

**答：** 洞庭湖接纳“四水”和长江“四口”（调弦口于 1958 年建闸封堵）来水，经洞庭湖调蓄后在城陵矶处汇入长江，形成了以洞庭湖为中心的多输入、单输出的辐射状水系。在洞庭湖水系各入流源中，湘江和资水的主汛期为 4—6 月，沅江和澧水的主汛期为 5—7 月，长江的主汛期为 6—8 月，因此洞庭湖的主汛期也为 6—8 月，洞庭湖年最高水位均在此期间出现。6 月以前，洞庭湖入流以“四水”为主，俗称“南水”；长江上游雨季为 6—8 月，洪量较大，历时较长，往往前峰未落，后峰又起，俗称“北水”。

如果长江上游雨季提前，而湖南省雨季推后，则“南水”和“北水”极易碰头，同时进入洞庭湖，由于洞庭湖只有一个出口，极易造成灾害性洪水。洞庭湖发生的几次大的流域性洪水灾害，都是由此原因引起的。

洞庭湖流域暴雨洪水的特点是降水强度大、范围广、历时长，造成洪水峰高量大。湖南省境内最大 1 日降水量 558.1 毫米，最大 3 日降水量 754.1 毫米，最大 7 日降水量 808.4 毫米，分别为多年汛期平均降水量的 60%、81.1%、86.9%。1994 年湘江大洪水，5 日总雨量超过 200 毫米的面积达 4.12 万平方千米，约占湘江流域面积的 50%；1996 年，“四水”及洞庭湖区出现全流域性大水，降雨持续 20 天，雨量超过 400 毫米的面积为 5.2 万平方千米，约占全省面积的 1/4，雨量超过 300 毫米的面积为 10.5 万平方千米，约占全省面积的 1/2，雨量超过 200 毫米的面积为 15 万平方千米，约占全省面积的 70%；1998 年大水，暴雨持续 40 多天，雨量超过 600 毫米的面积为 9.5 万平方千米，约占全省面积的 43.6%，雨量超过 800 毫米的面积为 3 万平方千米，约占全省面积的 14%。

洞庭湖洪水与大气环流异常有着十分密切的关系，其中东亚中纬度阻塞高压的维持与建立，对湖南省夏季降水有着明显影响。此外，副热带高气压带（简称“副高”）位置异常变化对湖南省夏季降水也有着明显影响，如：在 1993—1996 年四年中，副高的两脊点均偏西，副高脊线在 1993 年偏南，在 1994 年和 1996 年偏北，1994 年和 1996 年均发生了大洪水。

厄尔尼诺现象与洞庭湖洪水灾害也存在较大的相关性。厄尔尼诺现象是由赤道太平洋海温异常引起的，经研究发现，在发生厄尔尼诺现象的次年，湖南省处于长江及其以南的多雨带上，汛期降水偏多，容易形成洪涝灾害。据统计，在发生厄尔尼诺现象的次年，洞庭湖发生洪涝灾害的概率接近 80%，如 1954 年、1998 年大水均为发生厄尔尼诺现象的次年。

洞庭湖大洪水频发的另一个重要原因是，由于泥沙长期淤积，江湖阻塞，河道演变，行洪和调蓄洪水能力降低。三峡水库建成运行前，来自长江上游的大量泥沙只有一小部分由城陵矶再次进入长江，大部分则沉积在洞庭湖。根据 1951—2020 年洞庭湖入湖、出湖水沙量的统计，洞庭湖区共淤积泥沙 62.4 亿吨，洞庭湖减少容积 44.6 亿立方米，基本为三峡水库建成运行前（2003 年）淤积的，年均淤积量达到 1.26 亿吨。其中，西洞庭湖年均淤积沙量为 3268 万吨，东、南洞庭湖年均淤积沙量为 5796 万吨，其余为“四口”水系及洪道的淤积。三峡水库建成运行后，由于长江泥沙急剧减少，洞庭湖基本维持冲淤平衡。

洞庭湖区自 1860 年以来，1860 年、1870 年、1931 年、1935 年、1954 年、1991 年、1994 年、1995 年、1996 年、1998 年、1999 年、2002 年、2003 年、2014 年、2017 年、2019 年和 2020 年均发生了特大洪水或大洪水。部分洪水是局部性的，如 1994 年湘江大洪水、2014 年沅江大洪水和 2003 年澧水大洪水；而有些是全流域性的，如 1931 年、1954 年和 1998 年大洪水。

1860 年、1870 年大洪水被称为“世纪洪水”，长江上游洪峰流量均达到 1000 年一遇，长江荆江河段无法承泄这么巨大的流量，向南冲开了藕池口和松滋口宣泄长江洪水，洞庭湖平原一片汪洋。其结果形成了“四口”分流的现代洞庭格局，对长江中下游和洞庭湖的江湖关系、河湖演变产生了深远的影响。

# 31. 1931 年大水及其洪水灾害情况如何？

**答：**1931 年，长江流域出现了一次全流域性洪水，长江上游金沙江、岷江、嘉陵江均发生大水，当上游洪水流向下游时又与中下游当地洪水遭遇，造成沿江堤防多处漫溃，沿江两岸一片汪洋，洪灾遍及四川、重庆、湖北、湖南、江西、安徽、江苏、浙江、河南等省（直辖市），受灾面积达 15 万多平方千米。这次洪水，以湖南、湖北两省的灾情最重；武汉三镇于 7 月相继被淹，市区大部分水深数尺至丈余；汉口最高水位达 28.28 米，武汉市区被洪水浸泡 3 个月之久。

1931 年 7 月，长江流域广大地区普遍降雨。长江上游和汉江暴雨带向中下游移动，致使长江中下游干流两岸和汉江中下游降雨骤增，7 月的雨量超过常年同期雨量一倍以上，江湖洪水高涨。8 月上旬，雨带扩大并加强，暴雨使长江上游金沙江、岷江、嘉陵江等干支流发生大水，其中岷江洪水最大，高场站洪峰流量达 38900 立方米每秒。8 月 10 日宜昌出现年最大洪峰流量 64600 立方米每秒，上游洪水又与长江中下游洪水遭遇，如沅江常德站 8 月 9 日洪峰流量 21000 立方米每秒，澧水、资水、汉江都有洪峰出现，洞庭湖城陵矶（七里山）站流量达 57900 立方米每秒，为有水文记录以来的最大流量。8 月 19 日汉口站出现最高水位 28.28 米，也超过当时的水文记录。

洪水造成荆江两岸大量溃垸，最严重的是北岸荆江大堤的齐家堤口溃决，水头 6~7 米，在荆北区上下横流，荆北平原一片汪洋。湖南省由于湘、资、沅、澧“四水”同时涨水，并与长江洪水遭遇，造成全省性的洪灾，受灾县市达 61 个，安乡、汉寿、桃源等为重灾区，淹没农田 759 万亩，损失稻谷 20 亿斤[1]，因灾死亡 54837 人。洞庭湖滨湖各县沦为泽国，堤垸溃决 1600 多处。

1931 年长江洪水导致武汉洪水泛滥（图片来自《龙王之怒：1931 年长江水灾》）

---

❶ 1 斤等于 500 克。

## 32. 1935 年大水及其洪水灾害情况如何？

答：1935 年 7 月上旬，长江中游发生了一次特大洪水。这次洪水是著名的“357”特大暴雨造成的，其降雨强度大，雨量集中；暴雨中心位于澧水、清江、沮漳河、三峡区间下段以及汉江中下游。这年 7 月上旬发生于鄂西和湘西北山地的暴雨，为长江流域有记录以来最大的一场暴雨。大暴雨从 7 月 3 日开始至 7 日基本结束，共持续 5 天时间。长江右岸清江、澧水流域和左岸黄柏河、沮漳河均发生特大暴雨。据资料分析，5 天的 400 毫米降雨量等值线包围面积呈南北狭长的哑铃形，并有南北两个中心，南部中心在清江与澧水分水岭南侧的五峰（澧水上游），雨量达 1281.8 毫米；北部中心在兴山，雨量达 1084.0 毫米。5 天的 200 毫米等雨量线笼罩湖南、湖北、河南 3 省共 50 个县，面积达 12 万平方千米，降雨总量约达 600 亿立方米。由于降雨集中、强度大、范围广，造成了这一地区特大洪水。

这次暴雨的特点是：①强度大，为长江流域有记录以来最大暴雨；②持续时间长，湘西北—鄂西南一带的大暴雨持续了 5 天；③暴雨期间主要暴雨位置很少变动，7 月 7 日以前一直维持在湘西北—鄂西南山地的东侧；④暴雨区中最强暴雨呈南北带状分布。

暴雨导致澧水三江口最大洪峰流量达 30300 立方米每秒，为有历史记录以来的最大洪水；清江搬鱼咀最大洪峰流量达 14900 立方米每秒，居历史系列第 2 位；汉江丹江口最大洪峰流量达 50000 立方米每秒，居 400 年调查洪水的第 2 位。

长江干流宜昌最大洪峰流量达 56900 立方米每秒，与清江及三峡区间洪水遭遇后，枝城洪峰高达 75000 立方米每秒，荆江大堤沙市以上得胜寺、横店子，沙市以下麻布拐相继溃口，致使大洪水直泄洞庭湖，又汇合澧水特大洪水，使洞庭湖区水位比 1931 年还高出 2 尺[1]多，滨湖地区特别是澧水尾闾遭受了极其严重的洪水灾害。岳阳、湘阴、平江、华容、临澧、石门、澧县、安乡、汉寿、慈利、南县、沅江、益阳、常德等沿湖地区县（市）大部分被淹没。其中，尤以石门、澧县水势迅猛，灾情最重，澧水出现特大洪峰流量 30300 立方米每秒，远远超过石门的安全泄量 12000 立方米每秒，造成约 3 万人死亡的毁灭性灾害，沿渫水、澧水两岸如泥市、新市、磨市、皂市、白沙渡、新兴、易家渡等数百里范围被全部冲毁，淹没人畜、房屋财产无数。据当时资料不完全统计：受灾较重的 15 个县（一般遭灾的 23 个县不在内）溃垸 1659 个，淹没耕地 389 万亩、淹毙人口 37532 人；损失稻谷 2919 万石；房屋牲畜什物及其他损失 1582 万元（当时价格）。

1935 年大水，长江干流宜都至城陵矶河段洪水位超过 1931 年，但洪水时间相对较短，主要受灾区域位于澧水下游、清江流域及汉江中下游，长江流域总体洪灾损失少于 1931 年。

---

[1] 1 尺约等于 33.33 厘米。

## 33. 1954 年大水及其洪水灾害情况如何？

**答：** 1954 年长江流域发生的特大暴雨引发了一次近百年来罕见的洪水，暴雨持续时间长、面积广，上下游雨季重叠、干支流洪水发生遭遇，造成长江中下游的洪峰水位均突破了历史极值，超过 1931 年、1935 年和 1949 年洪水。

1954 年入夏后，气候反常，雨水偏多。湖区各地 5 月雨量为历年同期的 2 倍，6 月雨量为历年同期的 4 倍多，7 月雨量为历年同期的 3 倍。5—7 月，除湘江流域降雨略少外，其余“三水”的平均雨量接近常年一年的雨量，实属罕见。同一时期，山区如浏阳宝盖洞 7 月 23—25 日降雨 519.6 毫米，吉首 7 月 22—25 日降雨 378.2 毫米，岳阳 6 月 15—16 日降雨 320.3 毫米，因而发生严重的山洪灾害。

1954 年的洪水与往年比较，不但量大且洪峰次数亦多，持续时间长。湘江、资水、沅江、澧水“四水”洪水过程频繁，连续发生较大洪峰 8~9 次，且多与长江洪峰遭遇，湘江长沙站最高水位 37.40 米（7 月 1 日）、资水桃江站最高水位 42.91 米（7 月 25 日）、沅江桃源站最高水位 44.39 米（7 月 30 日）、澧水三江口站最高水位 67.85 米（6 月 25 日）。湖区入汛后水位一直上升而无回落。同时长江下游水位在这段时期内一直居高，洪水宣泄不畅。7 月底，沅江、资水、澧水“三水”都出现高洪峰，占据了湖容，抬高了水位。8 月上旬，长江洪峰接踵而来，8 月 3 日，“南水”“北水”碰头，形成江湖洪水顶托局面，高危水位持续不下，湖区城陵矶（七里山）站 8 月 3 日出现洪峰水位 34.55 米，超过了当时有水文记录以来的最高水位，高洪水位持续 50 多天。8 月 7 日长江干流宜昌站最大洪峰流量达 66800 立方米每秒，居有记录以来的第 4 位，为保证荆江大堤安全，曾 3 次启用荆江分洪区分洪和多处溃口分洪，分洪溃口总水量高达 1023 亿立方米。沙市站最高水位 44.67 米，城陵矶（莲花塘）站最高水位 33.95 米。

1954 年，洞庭湖区常德、澧县、安乡、汉寿、沅江、华容、湘阴、望城、长沙等地共溃垸 356 个，溃口 881 处，溃决面积 385 万亩，受灾人口 256.8 万人，洪水和灾后瘟疫夺去了 3.3 万人的生命，其中溃口淹死 470 人，直接经济损失 18.17 亿元（按当年价计）。

益阳市赫山区八字哨镇（1954 年 7 月，当地群众将防汛木材翻过资江大堤，这批木材被扎成小排运往各出险堤段）

## 34. 1996 年大水及其洪水灾害情况如何？

**答：**1996 年 7 月，洞庭湖水系持续暴雨，致使澧水、湘江发生超警戒水位洪水，资水、沅江和洞庭湖区发生特大洪水。其降雨强度之大、范围之广、洪水总量之巨、洪峰水位之高都是空前的。1996 年洪水主要来自“四水”水系，属于资水、沅江遭遇型洪水，为中华人民共和国成立以来洞庭湖第三大洪水。

1996 年汛期，湖南全省累计平均降雨量 1060 毫米，较历年同期偏多 10% 以上。降雨时空分布不均，4—6 月全省降雨偏少，7—8 月降雨较集中，两月全省平均降雨量 502 毫米，比历年同期偏多 86.6%，占汛期总雨量的 47%，其中 7 月降雨特多，全省降雨 287 毫米，较常年偏多 117%；8 月降雨偏多，月初受 8 号台风影响，湘东南发生暴雨和大暴雨，导致山洪暴发，河水陡涨。长沙、株洲、湘潭、岳阳、郴州等市 8 月平均降雨较常年偏多 80% 以上，其中郴州市月平均降雨 339 毫米，偏多 111%，为最大值。1996 年洪水由梅雨期暴雨形成，6 月 19 日至 7 月 22 日梅雨期间，在长江中下游发生了 7 次暴雨过程。7 月 1—20 日，湖南省持续出现多次暴雨过程，全省累计降雨 286 毫米，特别是 7 月 13—17 日的暴雨是强度最大、持续时间最长、降雨落区最为集中的一次特大暴雨，全省降雨量在 200 毫米以上的面积

15 万平方千米，300 毫米以上的面积 10.5 万平方千米，400 毫米以上的面积 5.2 万平方千米，500 毫米以上的面积 8000 平方千米。

7 月初，澧水干流首先出现了较大洪水。7 月 3 日张家界水文站洪峰水位 165.60 米，洪峰流量 9690 立方米每秒，洪峰流量居中华人民共和国成立以来的第 2 高峰。同时，沅江支流酉水凤滩水库 3 日 1 时最大入库流量达 13800 立方米每秒，3 日 8 时下泄流量 9800 立方米每秒，加上沅江干流洪水入库，五强溪水库 4 日 8 时下泄流量 10600 立方米每秒，桃源站水位一天上涨 3.86 米，4 日 0 时洪峰流量达 13700 立方米每秒。澧水、沅江洪水先期入湖，抬高了洞庭湖的底水。紧接着长江上游发生较大洪水，7 月 5 日枝城流量达 48800 立方米每秒，长江入洞庭湖洪水 7 月 13 日达到最大，致使洞庭湖水位全面超过警戒水位。

7 月 13—17 日，资水、沅江、洞庭湖区连续降大雨或暴雨，局部大暴雨或特大暴雨，资水和沅江出现多次洪峰，洞庭湖洪峰重叠，水位全面超过历史极值。资水上游罗家庙站 7 月 18 日洪峰水位 235.74 米，超过当时历史最高水位 3.19 米。资水柘溪水库 7 月 15—20 日连续出现 4 次洪峰，最大入库流量达 17900 立方米每秒，重现期近 200 年，在水库下泄流量 10100 立方米每秒的情况下，最高库水位上升到 172.73 米，超过历史最高水位 2.40 米，超过 1000 年一遇校核水位 0.02 米；下游桃江站水位也相应涨了 8 米，达 44.44 米（7 月 17 日），为有水文记录以来最高水位，超过 1955 年最高水位 0.62 米，超过历史最高水位（1995 年）0.13 米；益阳站洪峰水位 39.48 米，为有水文记录以来最高水位，超过 1955 年最高水位 1.16 米，超过历史最高水位

（1995年）0.44米。沅江上游安江站7月17日洪峰水位170.29米，浦市站7月18日洪峰水位126.37米，均居有水文记录以来第1位，重现期分别为100年和150年。酉水流域的凤滩水库7月14日23时最大入库流量13300立方米每秒，水库最高水位206.11米，超过历史最高水位0.59米。五强溪水库7月16日最大入库流量达40000立方米每秒，坝前水位一度达113.26米，超过正常库水位5.26米，相当于5000年一遇洪水位；经五强溪调洪，沅江下游仍出现当时实测最大洪水，沅江桃源站14—17日不足3天时间水位涨幅达10.24米，洪峰水位达46.90米，仅次于2014年的47.37米，为有水文记录以来第2高水位，常德站洪峰水位42.49米，为有水文记录以来最高水位。

湘江长沙站7月19日12时洪峰水位37.18米，超过警戒水位2.18米。湘江、资水、沅江、澧水“四水”和长江洪水源源不断汇注洞庭湖，使洞庭湖承受“四水”和“三口”洪水涌入的双重压力。6月24日至7月20日，入湖总水量705亿立方米，其中“四水”入湖水量475.2亿立方米、长江“三口”入湖水量154.8亿立方米、洞庭湖区间其他河流入湖水量仅75亿立方米。城陵矶（七里山）站同期出湖水量448.4亿立方米，不到入湖总水量的70%。大量超额洪水在迫使西、南、东洞庭湖多处堤垸溃决的情况下，洞庭湖各站水位仍高于历史最高水位（1954年）。南咀站21日20时洪峰水位37.62米，超过历史最高水位（1954年）1.57米。沅江站21日20时洪峰水位37.09米，超过历史最高水位（1995年）1.33米，超过1954年最高水位1.83米。湘阴站21日24时洪峰水位36.66米，超过历史最高水位（1954年）1.25米。城陵矶（七里山）站7月22日

2 时洪峰水位 35.31 米，超过历史最高水位（1954 年）0.76 米，仅次于 1998 年、1999 年，最大出湖流量 43900 立方米每秒，中华人民共和国成立以来仅次于 2017 年。

7 月中下旬，长江上游宜昌发生一般洪水，12 日洪峰流量 41700 立方米每秒，较均值小 10%。这次洪水向下游传播时，恰与清江和洞庭湖水系洪水遭遇，致使长江中游干流出现大洪水，螺山站洪峰流量 67500 立方米每秒，莲花塘站和螺山站最高水位分别为 35.01 米和 34.18 米，仅次于 1998 年、1999 年。7 月 24 日 8 时，长江宜昌流量再次突破 4 万立方米每秒，城陵矶出口下泄受阻，至 7 月 26 日 20 时城陵矶水位才回落到 1954 年最高水位 34.55 米，处于历史最高水位 34.55 米以上的时间长达 8 天（192 小时）之久。受当年 8 号台风影响，8 月初湘江洪水进一步加长了洞庭湖区高洪水位的延续时间，城陵矶从 7 月 11 日晚超过 32.00 米的警戒水位，至 8 月 20 日退出，在警戒水位以上的时间持续 41 天。

洞庭湖区溃决或被迫蓄洪的大小堤垸 145 个（其中万亩以上的 26 个），总面积 229.5 万亩，淹没农田 122.9 万亩，转移人口 113.8 万人。堤垸淹没水深 4~5 米，淹没时间大多在 1 个月以上，因溃垸淹没粮店（站）1001 个，损失粮食 6.8 亿斤，直接经济损失达 303 亿元。

# 35. 1998 年长江洪水到底有多大？

**答：**1998 年长江洪水是 20 世纪第 2 位全流域性大洪水，仅次于 1954 年。湖南省“四水”及洞庭湖区相继发生大的暴雨洪水。特别是 6 月中下旬开始的资水下游、湘江中下游暴雨洪水及 7 月下旬开始的澧水、沅江、资水暴雨洪水，与长江 8 次峰高量大的洪水遭遇，洪水组合恶劣，形成了湖南省 1954 年以来的最大洪水。湘江下游、澧水流

安乡安造垸堤溃口处堵漏（1998 年 8 月）

域和东洞庭湖先后出现超过历史最高水位的洪水，城陵矶连续出现5次洪峰，其中4次超过历史最高水位。高洪水位持续时间长，城陵矶超过历史最高水位35.31米（1996年）的时间长达29天，超过水位34.55米（1954年）的时间长达45天，超过水位33.00米（当时警戒水位为32.00米）的时间长达78天。

1998年气候异常，长江流域汛期出现了大范围、长历时的降雨，6—8月流域面平均降雨量670毫米，比常年同期多37.5%。汛期湖南全省平均降雨量982毫米，较历年均值偏多4%，但降雨时空分布极不均匀，两头少、中间多，南部少、北部多。6月、7月全省平均降雨量530毫米，较历年同期偏多63%，占汛期总降雨量的54%，其中6月全省平均降雨量336毫米，较历年同期偏多73%，长沙、岳阳、益阳降雨量偏多一倍以上。6月11—27日，暴雨中心位于湘江下游和资水柘溪益阳区间，湘江支流浏阳河、捞刀河、沩水以及汨罗江平均降雨量639毫米，资水柘溪益阳区间平均降雨量624毫米，暴雨中心最大点降雨量为浏阳宝盖洞849毫米，安化洞市792毫米次之，长沙县高桥镇螺岭桥784毫米，平江774毫米，浏阳市白沙、双江口分别为759毫米和734毫米，半个月降雨量超过历年平均降雨量一半以上。7月下旬至8月中旬，暴雨频发，使洪水一浪高过一浪，降雨过程可分为三个阶段。第一阶段为7月20—25日，沅江、澧水中下游降暴雨，局部大暴雨。其中，澧水流域平均降雨量346毫米，沅江支流酉水平均降雨量283毫米，五强溪库区平均降雨量346毫米，暴雨中心桑植凉水口站累计降雨量676毫米，龙山水田站累计降雨量655毫米。第二阶段为7月27—30日，靠近洞庭湖区的资水、沅江中下游及湘江尾闾地区降大暴雨，暴雨中心在捞刀河、浏阳河、汨罗江，中心站最大降雨量长沙螺岭桥站 337 毫米。第三阶段为 8 月 15—18 日，澧水及沅江支流酉水、武水降大到暴雨，其中澧水流域平均降雨量 157 毫米，沅江支流酉水、武水平均降雨量分别为 169 毫米和 93 毫米，暴雨中心龙山水田站降雨量达 394 毫米，桑植五道水站降雨量 313 毫米。1998 年汛期最大点降雨量为龙山水田 2564 毫米，市州以长沙市 1356 毫米为最大，偏多 40%。

1998 年暴雨过程形成了 5 次大洪水。3 月上旬，湘江流域发生桃花汛，湘江干流出现超警 2~6 米的洪峰，长沙站 3 月 10 日洪峰水位 37.64 米，为有记录以来的同期（3 月）最大值。6 月中下旬，湘江、资水、沅江和洞庭湖区出现集中降雨时段，暴雨、大暴雨持续不断，导致洞庭湖底水抬高。6 月 14 日，资水桃江站出现 10100 立方米每秒的洪峰，其中柘溪水库—桃江区间形成了 7100 立方米每秒左右的洪峰，为中华人民共和国成立以来第二大洪水，仅次于 1955 年。桃江站 6 月 14 日洪峰水位 43.98 米，为当时建站以来第三高，仅次于 1995 年、1996 年。6 月 21—26 日湘江流域普降暴雨，长沙站 6 月 27 日洪峰水位 39.18 米，仅次于 2017 年的 39.51 米。湘江洪水刚刚入湖，长江洪水接踵而至，城陵矶于 7 月 6 日 10 时出现第 1 次洪峰，水位 34.52 米。7 月 20—26 日，澧水、沅江水位猛涨，澧水出现复式洪水，干流全线超过历史最高水位，石门站 7 月 23 日洪峰水位 62.66 米，超过历史最高水位 0.66 米，为有水文记录以来最高水位，洪峰流量 19900 立方米每秒。津市站 7 月 24 日洪峰水位 45.01 米，超过历史最高水位 1.00 米，仅次于 2003 年的 45.02 米。与澧水流域暴雨

1998 年洪水中的防浪林、防水墙

同步，沅江下游也发生了仅次于 2014 年、1996 年、1999 年的大洪水，桃源站 7 月 24 日洪峰水位 46.03 米，常德站 7 月 24 日洪峰水位 41.72 米。在澧水、沅江发生大洪水的同时，长江倒灌入湖水量大增，7 月 23 日 20时，洞庭湖最大入湖流量 63400 立方米每秒。洞庭湖水位迅速上涨，7 月 24—27 日，西、南、东洞庭湖先后出现最高水位，石龟山、安乡、罗文窖、鹿角、岳阳、城陵矶各站超过历史最高水位，南咀、沅江、湘阴各站出现仅次于 1996 年的最高洪水位。城陵矶 7 月 27 日 17 时出现第 2 次洪峰，水位 35.48 米，超过历史最高水位 0.17 米。7 月 29—30 日，湘江、资水、沅江“三水”尾闾地区和洞庭湖区降雨，使洞庭湖水位再次上涨，西洞庭湖南咀站 7 月 31 日 11 时洪峰水位 36.92 米，城陵矶 8 月 1 日 14 时出现第 3 次洪峰，水位 35.53 米，超过历史最高水位 0.22 米。8 月 7 日，长江干流宜昌站第 4 次洪峰流量 61500 立方米每秒，使城陵矶 8 月 9 日出现第 4 次洪峰，水位 35.57 米，超过历史最高水位 0.26 米。宜昌最大洪峰为第 6 次，即 8 月 16 日洪峰，流量 63300 立方米每秒，正好与澧水、沅江的洪水相遇，使城陵矶于

8 月 20 日出现第 5 次洪峰，水位达 35.94 米，超过 1954 年最高水位 1.39 米，超过历史最高水位 0.63 米，为有水文记录以来最高水位。由于雨带的南北拉锯及上下游摆动，使长江干支流自 6 月中旬至 8 月底先后发生了大洪水，长江上游干流出现 8 次洪峰，并与中下游洪水遭遇，形成全流域性大洪水。其中，第 6 次洪峰在向中下游推进过程中，与清江、洞庭湖以及汉江的洪水遭遇，长江中游各水文站相继达到历史最高水位，其中长江干流城陵矶（莲花塘）站洪峰水位达 35.80 米，为有水文记录以来最高水位。

1998 年，洞庭湖区外溃堤垸 142 个，其中千亩以上的堤垸 62 个、万亩以上的堤垸 7 个。溃灾总面积 66.35 万亩，受灾人口 37.87 万人。内溃千亩以上的堤垸 21 个，总面积 11.4 万亩，全湖区涝灾面积 394 万亩。

# 36. 2016年大水及其洪水灾害情况如何？

**答：**2016年，受超强厄尔尼诺事件等因素影响，湖南省天气形势比较异常。湘江流域3月中下旬发生1998年以来最大“春汛”，湖南全省提前11天进入汛期，资水、洞庭湖区发生大洪水。资水柘溪水库出现建库以来最大入库洪峰，中下游桃江（二）站、益阳站出现超保证水位洪水；洞庭湖区发生区域性大洪水，城陵矶（七里山）站出现21世纪以来第二高洪水位，部分支流水位超历史。

2016年汛期，降雨过程频繁，湖南全省平均降雨量达1132毫米，较历年同期偏多近二成。3—5月和7—8月降雨持续偏多，其中4月湖南全省平均降雨量245.7毫米，较历年同期偏多45.8%，永州、邵阳较历年同期偏多七成以上；7月全省平均降雨量219.3毫米，较历年同期偏多42%，湘中及以北地区降雨大部分偏多，长沙市降雨量383.2毫米，较历年同期偏多170%，岳阳、益阳、娄底也偏多1倍以上，湘潭、常德偏多八成以上。整个汛期，澧水上游地区、沅江中下游区、湘江上游地区、湘江下游地区为降雨的四个高值区，中心最大点降雨量分别为：桑植县八大公山站1919.0毫米，桃源县会人溪站1946.5毫米，江永县大溪源站1878.5毫米，浏阳市寒婆坳站1946.5

毫米。降雨过程具有间歇短、雨强大、雨区稳定且降雨历时较长等特点，如6月底至7月初的两个降雨过程仅间隔1天，6月27—29日湘西北的澧水、沅江中下游发生较强降雨过程，100毫米以上降雨面积约1.9万平方千米，7月1—4日雨带南移，发生了全年最强降雨过程，全省平均降雨量109.6毫米。

2016年3月发生了1998年以来最大春汛，湘江上中游干流及其支流潇水、涞水部分河段发生超警戒水位洪水。汛期各支流大洪水也十分频繁，6月16日湘江一级支流涓水射埠站发生超历史最高水位洪水，洪峰水位50.63米，超过历史最高水位0.57米，洪峰流量1590立方米每秒。6月19日，湘西龙山、湖北来凤、重庆酉阳一带降暴雨到大暴雨，部分地区降特大暴雨，酉水石堤水文站6月20日出现洪峰水位87.48米，超过历史最高水位3.64米，洪峰流量12400立方米每秒，9小时水位涨幅11.94米，位于石堤水文站下游十多千米、酉水河畔的里耶古镇，20日上午洪水漫过防洪堤，进入里耶城区，下午出现溃堤，整个古镇被淹。7月4日，沅江支流溆水溆浦县溆浦站、资水支流沂溪桃江县蒙公塘站、资水支流涞溪安化县竹溪坡站均出现了超历史实测最大洪水，其中：溆浦站洪峰水位157.19米，超过历史最高水位0.18米；蒙公塘站洪峰水位71.78米，超过历史最高水位1.6米；竹溪坡站洪峰水位131.05米，超过历史最高水位0.42米。

自5月中旬开始，洞庭湖城陵矶（七里山）站水位维持在29.00米以上，6月27—30日沅江、澧水流域发生较大降雨过程，沅江、澧水及西洞庭湖部分站点超警，29日西洞庭石龟山站、安乡站、南咀站洪峰水位超警戒水位 0.24~0.36 米，进一步抬高了洞庭湖底水。7 月 1 日开始，雨带向南发展，强度加大，“四水”及湖区共有 34 站出现超警戒水位洪水。资水柘溪水库出现了建库以来最大入库洪峰流量 20400 立方米每秒（7 月 4 日），洪水总量达 30.1 亿立方米，超过建库后的最大值（17900 立方米每秒，1996 年 7 月 15 日），列 1848 年以来第一位，洪水频率约为 200 年一遇。资水干流中下游桃江（二）站、益阳站出现了超保证水位的洪水，桃江（二）站洪峰水位 43.29 米（7 月 5 日），超保证水位 0.99 米，益阳站洪峰水位 38.50 米（7 月 5 日），超保证水位 0.18 米。6 月 26 日至 7 月 6 日，长江干流宜昌站流量基本维持在 30000 立方米每秒以上，洪峰流量 34600 立方米每秒（7 月 2 日）；受“四水”来水及长江干流顶托影响，洞庭湖区南咀、城陵矶出现超过警戒水位近 2 米的洪水，城陵矶（七里山）站洪峰水位 34.47 米（7 月 8 日），列实测系列第七位，超过警戒水位 1.97 米，持续时间达 27 天，列 1998 年以来实测系列第三位。7 月洞庭湖区堤防水位持续超警戒水位，7 月 7 日最多时有 75 个堤垸、1928 千米堤防超警戒水位，其中岳阳市建新垸、新华垸、新太垸、人民大垸，益阳市南汉垸、目平湖垸、畔山垸、长春垸、永新垸、静下洲垸等 10 个堤垸 173.6 千米堤防超保证水位。受长江和洞庭湖超警戒水位洪水影响，7 月上旬，地处洞庭湖腹地的华容县华容河一直处于接近保证水位状态。7 月 10 日 11 时左右，华容河水位达 35.15 米，超过保证水位 0.15 米，新华蓄洪垸红旗闸管身新老土结合部位因重大险情发生内溃。7 月 12 日 8 时 15 分，经过 45 小时全力抢险，新华垸溃口堵口合龙。

小时、24 小时最大点降雨量均在宁乡市县老粮仓站，分别达到 290 毫米（7 月 1 日 5—11 时）、316.5 毫米（7 月 1 日 0—12 时）、352 毫米（6 月 30 日 12 时至 7 月 1 日 12 时），均为历史罕见。

2017 年最强降雨过程发生在 6 月 22 日至 7 月 1 日，湖南全省过程累计降雨量 270 毫米，其中湘江 264.5 毫米、资水 345.8 毫米、沅江 248.6 毫米、澧水 134.3 毫米、湖区 333.5 毫米，市（州）最大降雨量为长沙市的 452.0 毫米，降雨量 200 毫米以上的面积 15.0 万平方千米，超过 300 毫米的面积 8.8 万平方千米，超过 400 毫米的笼罩面积 3.7 万平方千米，过程累计最大点降雨量为长沙市浏阳市古港镇寒婆坳站的 719.0 毫米，其次为怀化市沅陵县官庄镇三渡水站 690.0 毫米。强降雨过程持续 10 天，中间基本没有间隔，暴雨带先南压再北抬，雨带在沅江、资水、湘江之间来回摆动，持续性强，主雨带持续稳定在湘中地区，暴雨中心位于湘江、资水下游，沅江中下游以及东洞庭湖区。6 月 22—24 日，降雨主要集中于湘中及以北地区，沅江中下游、东洞庭湖区为暴雨中心。湘江、资水、沅江“三水”及湖区干支流水位被抬高，其中沅江干流辰溪站、桃源站、常德站 6 月 25 日出现超过警戒水位 0.09~1.20 米的洪水过程。6 月 25—27 日，雨带南压，降雨主要位于湘中以南，湘江及资水干支流中上游出现超警戒水位洪水，并向下游地区汇集，其中湘江干流永州市冷水滩站至衡阳市衡山站河段 6 月 29 日出现超过警戒水位 0.68~2.26 米的洪水过程；资水干流隆回站、罗家庙站、邵阳站 6 月 30 日出现超过警戒水位 0.4~1.23 米的洪水过程；湘江、资水、沅江及湖区区间入湖水量猛增，进一步抬高了洞庭湖区水位。6 月 29 日至 7 月 1 日暴雨带再次北抬，降雨主要集中在湘江下游、资水中游、沅江中游及东洞庭湖区。受强降雨和上游来水影响，湘江、资水、沅江“三水”洪水并发，干支流峰高量大，共计109站次超警戒水位，29站次超保证水位，12站次超历史最高水位，点多面广为历史罕见。其中，湘江干流全线超保证水位，干流1/2河段、干支流10站超历史最高水位，其中干流老埠头站、冷水滩站、祁阳站、归阳站及长沙站洪峰水位分别超过历史最高水位0.14米、0.38米、0.63米、0.71米、0.33米，支流涟水娄底站、湘乡站，浏阳河朗梨站，捞刀河罗汉庄站，沩水宁乡站分别超过历史最高水位2.61米、0.01米、0.75米、0.70米、0.23米，长沙站洪峰水位39.51米，洪水重现期达100年。资水干流罗家庙站、桃江（二）站、益阳站分别发生了超过保证水位2.01米、1.83米、0.82米的洪水，洪峰水位均排历史实测系列第2位，邵阳站发生了超过保证水位1.68米的洪水，排历史实测系列第3位，其中控制站桃江（二）站洪峰水位44.13米，与历史最高洪水位相当，洪峰流量11000立方米每秒，洪水重现期约为30年，支流夫夷水新宁站洪峰水位超过历史最高水位。沅江干流浦市站、桃源站、常德站分别发生了超过保证水位1.11米、0.03米、0.54米的洪水，其中控制站桃源站洪峰水位45.43米，洪峰流量22000立方米每秒，洪水重现期约为10年，二级支流蒔竹水党坪站洪峰水位超过历史最高水位。洞庭湖区南咀站、小河咀站、湘阴站、周文庙站、城陵矶（七里山）站分别发生了超过保证水位0.47米、0.90米、0.87米、0.34米、0.08米的洪水，城陵矶（七里山）站洪峰水位34.63米（排历史实测系列第6位），超警戒水位持续时间长达299小时。湘江、资水、沅江“三水”

洪水在洞庭湖恶劣组合，湘江湘潭站、资水桃江（二）站、沅江桃源站分别于 7 月 4 日、1 日、2 日出现最大洪峰流量 19900 立方米每秒、11000 立方米每秒、22100 立方米每秒。洞庭湖最大组合入湖流量达 75500 立方米每秒，城陵矶最大出湖流量 49400 立方米每秒，均为中华人民共和国成立以来最大值。洞庭湖区间洪峰流量 19500 立方米每秒，超过 1966 年、1998 年、1983 年，仅次于 1954 年。

2017 年，长江发生中游型区域性大洪水，上游洪水不突出，6 月下旬至 7 月上旬，三峡水库入库洪水出现两次过程，最大入库流量分别为 26500 立方米每秒、33000 立方米每秒。为减轻长江干流中下游及洞庭湖的抗洪压力，三峡水库自 7 月 1 日 12 时至 7 月 2 日 22 时，将出库流量由 25000 立方米每秒减至 8000 立方米每秒以下，7 月 3—6 日维持在 8000 立方米每秒以下下泄。

受暴雨洪水影响，湖南全省累计造成 14 个市（州）141 个县（市、区）（含经开区等 19 个）1889 个乡镇 1348.49 万人受灾，宁乡、辰溪、祁阳、冷水滩等 32 个县级以上城镇受淹，因灾死亡 95 人、失踪 3 人（其中因洪涝灾害死亡 54 人），转移人口 194.35 万人，倒塌房屋 5.73 万间，农作物受灾面积 107.493 万公顷，直接经济损失 524.42 亿元，其中水利设施直接经济损失 104.92 亿元。

## 38. 洞庭湖区防洪设计水位是如何确定的？20 世纪 90 年代以来有哪些年份的实际洪水位超过了防洪设计水位？

**答：**根据 2008 年国务院批复的《长江流域防洪规划》，包括洞庭湖区在内的长江中下游地区的防洪标准为防御中华人民共和国成立以来发生的最大洪水，拟定防御对象为 1954 年洪水。在发生 1954 年洪水时，保证重点保护区域的防洪安全。

洞庭湖区防洪设计水位在洞庭湖区“二期治理”时确定，其中西洞庭湖以中华人民共和国成立以来至 1991 年的实测最高水位作为堤防的防洪设计水位，东洞庭湖和南洞庭湖以 1954 年的实测最高水位作为堤防的防洪设计水位。长江干流和洞庭湖区各代表站防洪设计水位详见下表。

长江干流和洞庭湖区各代表站防洪设计水位表

| 站名 | | 防洪设计水位 / 米 | 出现时间 | 超过防洪设计水位 | |
|---|---|---|---|---|---|
| | | | | 次数 | 年份 |
| 长江干流 | 沙市 | 45.00 | | 1 | 1998 |
| | 城陵矶（莲花塘） | 34.40 | | 5 | 1996、1998、1999、2002、2020 |
| | 汉口 | 29.73 | | 0 | |

续表

| 站名 | | 防洪设计水位/米 | 出现时间 | 超过防洪设计水位 | |
|---|---|---|---|---|---|
| | | | | 次数 | 年份 |
| 西洞庭湖 | 安乡 | 39.38 | 1983-07-08 | 3 | 1996、1998、2003 |
| | 津市 | 44.01 | 1991-07-07 | 2 | 1998、2003 |
| | 石龟山 | 40.82 | 1991-07-07 | 2 | 1998、2003 |
| | 牛鼻滩 | 38.63 | 1991-07-13 | 8 | 1995、1996、1998、1999、2003、2004、2014、2017 |
| | 周文庙 | 37.06 | 1991-07-14 | 8 | 1995、1996、1998、1999、2003、2004、2014、2017 |
| | 南咀 | 36.05 | 1954-07-31 | 6 | 1996、1998、1999、2002、2017、2020 |
| | 沙湾 | 36.36 | 1954-08-01 | 7 | 1995、1996、1998、1999、2002、2003、2017 |
| 南洞庭湖 | 小河咀 | 35.72 | 1954-08-01 | 9 | 1995、1996、1998、1999、2002、2003、2016、2017、2020 |
| | 沅江 | 35.28 | 1979-06-27 | 8 | 1995、1996、1998、1999、2002、2016、2017、2020 |
| | 杨柳潭 | 35.10 | 1979-06-27 | 7 | 1995、1996、1998、1999、2002、2017、2020 |
| | 东南湖 | 35.50 | 1979-06-27 | 8 | 1995、1996、1998、1999、2002、2016、2017、2020 |
| | 草尾 | 35.62 | 1954-08-01 | 9 | 1995、1996、1998、1999、2002、2003、2016、2017、2020 |
| 东洞庭湖 | 营田 | 35.05 | 1954-08-03 | 7 | 1995、1996、1998、1999、2002、2017、2020 |
| | 鹿角 | 35.00 | 1954-08-03 | 5 | 1996、1998、1999、2002、2017 |
| | 岳阳 | 34.82 | 1954-08-03 | 4 | 1996、1998、1999、2002 |
| | 城陵矶（七里山） | 34.55 | 1954-08-03 | 6 | 1996、1998、1999、2002、2017、2020 |

20 世纪 90 年代以来，洞庭湖区大洪水频繁发生，主要水文站水位均超过防洪设计水位。通过对比分析洞庭湖区 16 个代表水文站资料，1998 年洞庭湖区全部水文站均超过 1954 年洪峰水位（即防洪设计水位），1996 年有 14 站超过防洪设计水位，1999 年有 13 站超过防洪设计水位，2017 年有 12 站超过防洪设计水位，2002 年有 11 站超过防洪设计水位，2020 年有 8 站超过防洪设计水位。长江干流汉口水文站至今没有出现超防洪设计水位洪水，沙市水文站只有 1998 年出现了超防洪设计水位洪水。

城陵矶（七里山）水文站

# 五、洞庭湖治理过程

## 39. 1980 年长江中下游防洪座谈会的主要内容是什么？对洞庭湖治理有何影响？

**答：** 1980 年 6 月，水利部遵照国务院领导同志指示，在北京召开了长江中下游防洪座谈会，会上原长江流域规划办公室提交了《长江中游平原区规划要点报告》和《长江中游平原区近期防洪规划方案》。此次会议着重研究了在三峡工程至少十年不能依靠的情况下，长江防洪如何部署的问题。大家一致认为，从当前的实际情况出发，长江中下游近十年的防洪任务应当是：遇 1954 年同样严重的洪水，确保重点堤防安全，努力减少淹没损失。大家也认为，1972 年长江中下游规划座谈会的意见体现了“蓄泄兼筹，以泄为主”的方针，仍可作为近十年防洪部署的基本依据。

根据座谈会确定的近期防洪措施，长江干流重点堤防的防御水位比 1954 年实际最高水位略有提高，即沙市由 44.67 米提高到 45.00 米，城陵矶（莲花塘）由 33.95 米提高到 34.40 米，汉口 29.73 米不变，湖口由 21.68 米提高到 22.50 米，南京定为 10.58 米，上海（高桥）定为 5.10 米。如重现 1954 年洪水，长江中下游需分洪 500 亿立方米，其中荆江地区 54 亿立方米、城陵矶地区 320 亿立方米（洞庭湖与洪湖各承担 160 亿立方米）、武汉地区 68 亿立方米、湖口地区 50

亿立方米（鄱阳湖和华阳河区各承担 25 亿立方米）。

会后水利部向国务院提交了《关于长江中下游近十年防洪部署的报告》，确定了湖北、湖南、安徽、江西 4 省 18 个项目，建议由中央安排专项资金 10 亿元，在十年内完成，主要的工程是：湖北省荆江大堤加固，武汉市堤防加固，湖南省洞庭湖区重点堤防工程、洪道整治工程和分蓄洪区安全设施建设，安徽省无为大堤、同马大堤加固，江西省鄱阳湖区圩堤加高加固工程及圩区安全建设。

通过 1980 年长江中下游防洪座谈会，提高了长江干流防洪标准，相应提高了洞庭湖区的防洪标准，基本确定了洞庭湖区的防洪格局。座谈会后，长江堤防及洞庭湖区重点堤防工程建设按拟定的规划方案逐步实施。

1980 年长江中下游防洪座谈会确定的堤防防御水位（即防洪控制水位）沿用至今，经过 40 多年的防洪实践，城陵矶（莲花塘）站实际洪水位已有 5 年超过防洪控制水位（1996 年、1998 年、1999 年、2002 年、2020 年），其中 1998 年超过控制水位 1.40 米。其余各地除沙市 1998 年洪水位 45.22 米超过防洪控制水位 0.22 米外，均未超过防洪控制水位。城陵矶防洪控制水位偏低对洞庭湖区防洪治理有着十分明显的不利影响。

## 40. 长江的防洪方针是什么？洞庭湖区防洪工程体系是怎样构建的？

**答：**长江防洪方针是“蓄泄兼筹，以泄为主”，明确解决长江防洪问题要综合采用“蓄”和“泄”的措施，以“泄”的措施为主。具体来说，首先是充分依靠堤防，把大部分洪水东泄入海；其次是利用水库防洪库容蓄洪；遇特大洪水再运用分蓄洪区滞蓄洪水。

洞庭湖洪水的来源既包括湘江、资水、沅江、澧水“四水”洪水，也包括长江洪水，遇大洪水时洞庭湖区存在大量的超额洪量。三峡工程及上游干支流水库建成运行后，超额洪量有所减少，但仍存在较大的超额洪量需要消纳。因此，洞庭湖区防洪工程体系不可能单纯依靠堤防，而是依靠堤防、蓄滞洪区、河道整治、水库、平垸行洪、退田还湖等工程措施与非工程措施相结合的综合防洪体系。

## 41.“万里长江，险在荆江，难在洞庭”，治理洞庭之“难”主要表现在哪些方面？

**答：**“万里长江，险在荆江，难在洞庭”原指防洪治理之难。洞庭湖由于特殊的地理位置、功能定位和水文条件，防洪蓄洪任务重、基础弱，治理难度大。如今，洞庭湖治理和保护是一项系统工程，涉及江湖统筹、上下游共治、水陆协同和跨领域跨省域合作，主要体现在以下四个方面。

（1）洞庭湖水系复杂。洞庭湖南汇湘江、资水、沅江、澧水“四水”，通过松滋口、太平口、藕池口、调弦口（于 1958 年建闸封堵）“四口”北纳长江，东接汨罗江和新墙河水，洪水经调蓄后由城陵矶注入长江。除湖泊外，洞庭湖区有尾闾河道、洪道 1127 千米。密集水网在洞庭湖交汇，水沙交换、河道发育衰退，给洞庭湖治理带来了困难与挑战。20 世纪 50 年代以来，洞庭湖区有 40 年发生了不同程度的洪涝灾害，平均 1.5 年发生一次，特别是 20 世纪 90 年代连续发生特大洪水，洪涝灾害一直是湖区人民群众的心腹大患。

（2）洞庭湖水工程复杂。为抵御洪涝灾害、合理利用水资源，洞庭湖区建成了大量水利设施。湖南省洞庭湖区现有大小堤垸 226 个，一线堤防总长 3471 千米。其中，11 个重点垸堤防长 1221 千米，24

个蓄洪垸堤防长 1161 千米，其他 191 个一般垸堤防长 1089 千米。已划定国家级蓄滞洪区 24 个，总面积 3100 平方千米、调蓄容积 163.8 亿立方米，其中重要蓄滞洪区 9 处、一般蓄滞洪区 4 处、蓄滞洪保留区 11 处。建有灌排泵站 12009 座 15525 台 133.21 万千瓦；面积大于 1 平方千米的内湖 155 处，总面积 735 平方千米；撇洪河 304 条，总长 1299 千米，其中大中型撇洪河 40 条，总长 521.5 千米，撇洪面积 6730 平方千米；垸内灌排沟渠总长 16 万千米。已建成各类农村安全饮水工程 1169 处，62% 的水源为地下水。众多水利设施的建设、加固、维护等工作任务巨大，防洪、排涝的关系平衡难度大，引流、排污的协调复杂。

（3）江湖关系复杂。洞庭湖吞吐长江，是长江中游唯一的大型通江湖泊，江湖关系复杂。特别是三峡水库及长江上游干支流水库群建成运行以来，受水库调蓄年内径流改变、上游来沙减少及水库拦沙等因素驱动，江湖关系发生了一些新的变化。一是荆江河段来沙量锐减。多年平均输沙量由 4.92 亿吨减少为 0.342 亿吨，减幅 93%。二是荆江河道冲刷加剧。三峡水库建成运行后年均冲刷量为 0.67 亿立方米，为三峡水库建成运行前的 4.9 倍，深泓纵向平均冲深 2.13 米，导致荆江河段枯水位显著降低。三是“三口”河道总体转为冲刷，总冲刷量为 0.99 亿立方米。四是“三口”分流分沙继续减少，河道断流时间增加。“三口”年均分流量由 1956—1966 年的 1332 亿立方米减少为三峡水库建成运行后（2003—2020 年）的 498 亿立方米，分沙量由 1956—1966 年的 1.96 亿吨减少为三峡水库建成运行后（2003—2020 年）的 874 万吨，除松滋西支外，其他河道断流天数年均为 137~272 天。五是三峡水库蓄水期洞庭湖出口水位大幅降低，出流加快。9—10月洞庭湖出口城陵矶水位平均下降1.87米，最大下降2.44米，导致洞庭湖水位下降过快，湖面面积减小，枯水期提前、时间延长。六是长江城陵矶至汉口河段转淤为冲。2001年10月至2016年11月城陵矶至汉口河段平滩河槽冲刷量为4.68亿立方米。七是洞庭湖淤积明显减缓，基本达到冲淤平衡，较三峡水库建成运行前（1951—2002年）的年均淤积量1.26亿吨发生了根本性变化。未来随着长江上游水库群的陆续建成，一方面洞庭湖枯水期提前、水位降低将进一步加剧并呈常态化；另一方面洞庭湖淤积减缓，湖泊调蓄能力得以维持，也为全面系统治理创造了条件。

（4）人口、资源、环境关系复杂。湖南省洞庭湖区有人口1000多万，耕地1000多万亩，是我国粮食、棉花、油料、淡水鱼等重要农产品生产基地，素有“鱼米之乡”和“天下粮仓”的美誉，初步形成了装备制造、石化、轻工、纺织等支柱产业。同时，洞庭湖还是全国重要湿地和生物多样性宝库，拥有极其复杂的江河湖泊复合型湿地生态系统，已建立2个国家级和2个省级自然保护区，岳阳楼等15处风景名胜区，以及14个国家级水产种质资源保护区。当地经济社会发展、生态敏感区保护、蓄滞洪区分洪等多元化功能相互交织，经济发展与生态大保护、人水争地、防洪减灾工程占地与耕地保护等矛盾突出，对洞庭湖保护与治理提出了更高的要求。

## 42. 洞庭湖在长江中游防洪中有何重要作用？洞庭湖调蓄洪水的能力有多大？

**答：** 洞庭湖吞吐长江，接纳湘江、资水、沅江、澧水“四水”，是调蓄长江中游干支流洪水的重要天然场所。洞庭湖对长江中游的防洪作用主要体现在以下两个方面。

第一是通过“三口”分流，减小长江荆江河段洪峰流量，降低洪峰水位。根据资料分析，“三口”洪水期分流比为 20% ~29%，平均值为 25%左右。其中，松滋口分流比最大，为 12%左右，太平口分流比为 4%左右，藕池口分流比变化较大，一般在 4%~10%。三峡水库蓄水前后，对于洪峰同量级的洪水过程，“三口”分流比尚无明显变化。“三口”分流对荆江河段防洪意义重大，如 1998 年特大洪水，“三口”分流比为 27%，减小长江干流洪峰流量 20000 立方米每秒左右。因此，若无“三口”分流，荆江河段的防洪形势将比现在更加恶化，一般较大的洪水都将超过荆江两岸堤防的防御水位，荆江大堤将难以保证安全，荆江地区洪水威胁将更为严重。

第二是对长江“三口”及“四水”洪水的调蓄作用。“三口”和“四水”洪水汇集洞庭湖，经洞庭湖调蓄后，出口城陵矶洪峰流量明显小于入湖合成洪峰流量，对洞庭湖区和长江中游防洪具有十分重要的意义。根据洞庭湖历年入流、出流过程分析，“三口”和“四水”入湖合成洪峰流量多年平均值达 36800 立方米每秒，城陵矶（七里山）站多年平均出湖洪峰流量为 27400 立方米每秒，即由于洞庭湖的调蓄使洪峰平均削减 9400 立方米每秒，削减率为 25.5%，且由于湖泊调蓄的结果，使干流洪峰与洞庭湖水系洪峰错开，洪水传播时间延长，对防洪十分有利。洞庭湖对特大洪水的调蓄作用尤其显著，有些年份可达 200 亿立方米以上。如：调蓄量最大的 1996 年，调蓄量达 258 亿立方米；削峰流量最大的 2017 年，削峰流量达 26100 立方米每秒。1954 年特大洪水，最大削峰流量达 20653 立方米每秒；1998 年特大洪水，最大削峰流量达 19000 立方米每秒。具体情况见下表：

洞庭湖一次洪水调蓄量统计表

| 年份 | 入湖合成洪峰流量 / 立方米每秒 | 出湖洪峰流量 / 立方米每秒 | 最大削峰流量 / 立方米每秒 | 调蓄量 / 亿立方米 |
|---|---|---|---|---|
| 1964 | 62700 | 39500 | 23200 | 232 |
| 1969 | 60100 | 38600 | 21500 | 215 |
| 1991 | 38900 | 29600 | 9300 | 180 |
| 1995 | 63100 | 37600 | 25500 | 194 |
| 1996 | 59300 | 43800 | 15500 | 258 |
| 1998 | 53700 | 34700 | 19000 | 155 |
| 1999 | 52900 | 30700 | 22200 | 193 |
| 2002 | 50500 | 35400 | 15100 | 163 |
| 2017 | 75500 | 49400 | 26100 | |

长江干流城陵矶河段安全泄量只有 60000 立方米每秒左右，20 世纪以来，城陵矶以上长江干流与洞庭湖流域“四水”合成洪峰流量达 100000 立方米每秒以上的有 1931 年、1935 年、1954 年、1996 年、1998 年，大于 80000 立方米每秒的有 11 年，大于 70000 立方米每秒的有 25 年，大于 60000 立方米每秒的有 34 年。因此，如果没有洞庭湖的调蓄，洞庭湖区和长江中游洪水灾害将十分频繁。

## 43. 中华人民共和国成立以来洞庭湖治理可分为哪些重要阶段？

**答：**中华人民共和国成立以来，洞庭湖治理开启了新篇章，根据不同时期湖区水利工程建设的重点，可分为如下四个阶段。

第一阶段：1949—1985 年实施的初期治理，主要是进行水系调整、堤垸合并、排涝建设、撇洪河配套工程建设等。20 世纪 50 年代堵口复堤、河道整治、堤垸合并，1952 年整修南洞庭湖，将 48 个小垸合并为 3 个大圈，1954—1955 年治理沅江、澧水尾闾洪道，合并 200 多个小垸为沅澧大圈，至 1985 年，洞庭湖区堤垸数由中华人民共和国成立初期的 993 个合并为 226 个，一线堤防长度由 6406 千米缩短到 3471 千米。20 世纪 50 年代开始在洞庭湖区新建蒸汽机和内燃机排水站，20 世纪 60 年代开始电排歼灭战，1974 年后又建设了明山头等一批大泵站，同时 1969 年开始垸内田园化建设，20 世纪 70 年代始新建了烂泥湖、南湖、冲柳等撇洪河，基本形成了目前的防洪治涝格局。

第二阶段：1986—1996 年实施的洞庭湖“一期治理”，主要包括 11 个重点垸堤防除险、蓄洪垸安全设施实验性建设、澧水和南洞庭湖洪道疏浚清障以及湖区通信报警设施建设。通过以上工程的实施，湖区 11 个重点垸堤防高度、断面得以大幅改观，可基本保证在 1954 年洪水位情况下不漫堤，24 个蓄洪垸紧急救生转移、安全建设得到加强，较大地提高了湖区堤防的抗洪减灾能力。

第三阶段：1996—2008 年实施的洞庭湖“二期治理”，主要包括 11 个重点垸堤防加固、142 千米长江干堤加固、南洞庭湖及藕池河东支注滋口河整治、澧南等蓄洪垸分洪安全设施建设、平垸行洪退田还湖、长沙等 21 个城市防洪工程建设、29 处大型排涝泵站更新改造以及一批水利血防项目，共加固 2 级以上堤防 1300 多千米，整治河道 380 多千米，平退堤垸 340 处，扩大行蓄洪容积 34.8 亿立方米，更新改造泵站 28.7 万千瓦，有力提升了洞庭湖区防灾减灾能力。

第四阶段：从 2009 年开始实施的“近期治理”，主要包括钱粮湖等 22 个蓄洪垸及麻塘垸堤防加固、钱粮湖等 3 个蓄洪垸蓄洪建设、华容河治理、13 处大型灌排泵站更新改造、三峡工程后续影响处理、北部地区分片补水、沟渠塘坝清淤疏浚、黄盖湖防洪治理、重点区域排涝能力建设等，全面加固蓄洪垸一线堤防，守护长江干流河势 66.3 千米，建成钱粮湖、大通湖东、共山茶 3 座分洪闸，建成 2 个安全台，建成良心堡、泗湖山等 11 个安全区，疏浚沟渠 10.78 万千米、清淤塘坝 13.64 万口，提升 9751 平方千米易涝区排涝标准，成功抵御了 2017 年、2020 年洞庭湖大洪水，维护了社会和谐稳定。

2023 年以后，洞庭湖区实施了新一轮的重点垸堤防加固工程，其中重点垸堤防加固一期工程已经开工，重点垸堤防加固二期工程开展了前期设计论证工作；洞庭湖生态修复工程、“四口”水系综合整治工程等重大项目的前期论证正全力推进，同时启动了洞庭湖生态修复试点工程。

## 44. 中华人民共和国成立初期，洞庭湖区水系整治、堤垸修复等治理措施的主要内容是什么？

**答：**中华人民共和国成立初期，湖南省洞庭湖区有 993 个堤垸，堤长 6406 千米。堤防标准极低，干支流河道水系紊乱，相互顶托，还有的水流顺逆不定，防洪形势十分恶劣。1949—1960 年，主要进行了大量的水系整治、堤垸修复工作。

1949 年修复溃损堤垸。1949 年溃垸 441 个，受灾耕地面积 174.22 万亩，占当时垸田总数 539.53 万亩的 32%，另外受渍耕地面积 253.32 万亩，占垸田总数的 47%，溃渍面积占湖区总耕地面积的 72%。1949 年 11 月 10 日，湖南省人民政府发布《关于洞庭湖修复溃损堤垸之指示》，动员群众 27.16 万人参加灾后修复工作，至 1950 年 4 月底，共投工 1509.6 万个，完成土方 3143.34 万立方米，修复溃垸 347 个，堵复溃口 709 处 54613 米，培修大堤 3210.7 千米（其中未溃垸 1838.7 千米）。经过这次修复，堤垸的抗洪能力有了一定提高。1950 年春，建设大通湖蓄洪垦殖工程，在大通湖东口修一道 33 里（16500 米）长的横堤，使大通湖四面封闭，变成一个巨大的蓄洪垦殖区，可蓄洪水 27 亿立方米。

1952 年整修南洞庭湖。1952 年 9 月 24 日 18 时，洞庭湖区突然

1952 年 12 月 15 日整修南洞庭湖工程全面开工（参加施工的民工共 25 万人、干部 1 万余人，经过 3 个多月的艰苦奋战，于 1953 年 3 月 20 日全部完工）

发生 8~9 级大风，风暴中心在南洞庭湖区。短短几小时，湘阴、沅江、益阳等县均发生堤垸溃决，共溃垸 20 个，淹田 18 万多亩，受灾人数达 9 万之多，造成 2100 多人死亡。灾后，湖南省委和省人民政府鉴于垸内灾民迫切需要重建家园，恢复生产，并为减轻洪水对垸内灾民生命财产的威胁，在服从根治洞庭湖的原则下，提出开展南湖庭湖整修工程，并报经中央人民政府和中南军政委员会批准。1952 年 11 月

10日，湖南省人民政府发出《关于整修南洞庭湖的决定》，动员群众25万余人、各级干部万余人，于12月15日全面开工，至1953年4月竣工，共完成土方2467万立方米、草皮护坡72.4万平方米、块石护坡22万多立方米、抛石护脚及毛角口导水坝石方3万立方米、防浪林350万株。通过整修南洞庭湖，一是湘江和资水尾闾河道基本定型，资水以下保留甘溪港便于交通，毛角口以下分南北两支，北支茈湖口河为主流，南支毛角口河出临资口与湘江汇合，湘、资“两水”与烂泥湖隔绝；二是堵口修复堤垸，将湘江和资水尾闾48个小垸并成烂泥湖、湘滨南湖、民主垸3个防洪大圈，缩短防洪堤线454.5千米；三是建设了新泉寺、南湖洲、塞梓3座水闸，有利于排渍；四是建设了从南洞庭湖经甘溪港、毛角口河至湘江的航道。

1954年堤垸修复工程。1954年洞庭湖发生百年罕见的大水，溃决大小堤垸356个，被淹耕地面积384.95万亩，受灾人口256.8万人，另有渍灾面积203.8万亩。灾后，湖南省人民政府于1954年10月18日作出《关于修复洞庭湖堤垸工程的决定》，“根据洞庭湖目前的情况，并本着眼前利益与长远利益相结合、治标与治本并重的精神，为使受灾垸民迅速恢复生产，重建家园，经勘察拟定洞庭湖堤垸修复工程计划，并呈请中央、中南及长江水利委员会指复”，修复的方针是“重点整修，医治创伤，清除隐患，险堤加固，有计划地并垸堵口，合修大圈”。整修工程分为重点工程和一般堤垸两部分。工程于1954年11月中旬即由常德、湘潭两个专区17个县、市动员85万劳动大军陆续上堤。1954年冬治湖工程重点在重建家园、恢复生产，有计划地并垸堵流和洪道整治，1955年冬继续实施未完工程，完成新筑堤长129

千米，培修堤长 4579 千米，堵口 62 处，清除隐患 30428 处，开挖引河 17.11 千米，刨除阻水废堤 53.3 千米，兴建 2 座现代化大型水闸、5 座中型水闸，共完成土方 8611 万立方米。通过工程建设，一是沅江和澧水尾闾水系变成单一洪道，避免了干扰顶托；二是建设了西湖蓄洪垦殖区、八官障蓄洪垦殖区、冲天湖蓄洪垦殖区，扩大有效蓄洪容积 62.6 亿立方米；三是增加了 30 万亩耕地；四是提升了堤垸的防洪能力，为滨湖农业生产提供了有力的保证，为进一步根治洞庭湖水患奠定了良好的基础。

松澧分流工程。为解决松滋河与澧水的相互干扰问题，1955 年开始实施松澧分流的方案。分三期实施：第一期，1955 年实施松澧洪道整治，移堤拓宽松虎洪道至 1200~1500 米，堵死仙桃咀至虾扒脑河（二步窖河）、虢家洲至六角尾两条洪道，解决松澧下段"两水"分家问题。第二期，1956 年实施张九台移堤工程，移堤长度 9000 米，使张九台河段宽由不足 100 米扩展到 550~700 米。第三期，1959 年实施松澧分流主体工程，一是堵死松滋河西支的挖断岗、青龙窖、濠口、彭家港、郭家口、观音港河口；二是堵死松滋河东支的王守寺（东巴口）、小望角河口，同时在小望角、珠玑湖修建排水闸；三是拓宽松滋河中支（自治局河），由原来的 150~200 米拓宽至 800~1000 米，松滋河三支水流全部由自治局河承泄。1960 年汛期，由于新拓展的自治局河疏刨不够彻底，没有达到畅泄的目的，使上游水位抬高，安乡县中洲垸溃决。湖北省据此上告，要求彻底刨除松澧分流堵口工程。1960 年 12 月 19 日，时任湖北省委第一书记王任重、湖南省委第一书记张平化、长江水利委员会主任林一山在长沙协商后，认为松澧分流工程是解决松滋河与澧水相互干扰的重要措施，但需在三峡水库建库之后与松滋口建闸同步实施。已实施的工程，对防洪、排渍产生了不利影响。要求彻底刨除王守寺（东巴口）、小望角、青龙窖、濠口等4处堵坝，恢复东支大湖口河与西支官垸河原状，同时清理自治局河展宽堤距范围内阻水植物与堤埂。1961年春季，安乡、澧县将刚堵塞的王守寺、小望角、青龙窖、濠口等堵坝刨除，松滋河基本恢复原状，松澧分流未能实现。

华容河堵口控制工程。华容河是长江和洞庭湖之间的一条平原河流，自调弦口流经湖北省石首市，湖南省岳阳市华容县、君山区，最后汇入东洞庭湖。1958年，根据当时形势需要，在华容河下游建设钱粮湖农场。同年，经湖南、湖北两省协议并报中央批准，在华容河上游调弦口建闸封堵（调弦口闸），于旗杆咀建闸（六门闸）与洞庭湖分隔，从此华容河成为一条上下人工控制的内河。其中，调弦口闸（调关闸）设计流量44立方米每秒，六门闸设计流量200立方米每秒。根据湖南、湖北两省协议的结果，当长江监利水位达36.0米，且根据上游水情，水位将继续上涨，有超过监利保证水位之可能时，调弦口需扒口由华容河向洞庭湖分洪，分洪最大流量为1440立方米每秒。

# 45. 20 世纪 60—70 年代“电排歼灭战”有什么重要意义？

**答：**中华人民共和国成立初期，洞庭湖区没有电网，只能发展以蒸汽机、煤气机、柴油机为动力的排灌泵站，1953 年开始相继兴建以蒸汽机、内燃机、柴油机为动力的机械排渍站。20 世纪 50 年代后期开始兴建电力排灌泵站，1955 年常德、长沙、津市等地试行小型电力排灌泵站，1958 年常德电厂增容，开始在八官垸芷湾兴建 8 台 600 千瓦第一处湖区较大规模的电力排灌泵站。但由于电力供应不普及，1960 年湖区电排装机容量仅 0.97 万千瓦，分布地点也受到限制。

1962 年柘溪水电站建成发电，给湖区电力排灌大发展提供了先决条件。1963 年湖南省水利厅向省委建议“有重点地积极发展电力排灌，三年内基本完成湖区电力排灌网”，省委同意并指示“第一阶段建成洞庭湖区商品粮重点县的电力排灌网”，洞庭湖区三年电排歼灭战由此拉开序幕。1963 年冬开始建设由柘溪到武圣宫的大型输变电网站，至 1965 年形成以武圣宫 110 千伏变电站为中心的 35 千伏电力网，向华容、南县、沅江、9 个国营农场等地区供电。1963 年冬至 1966 年春，三年共增加电排装机容量 13.81 万千瓦，湖区电排装机容量由 1963 年的 3.78 万千瓦增加到 1966 年的 17.60 万千瓦，排涝面积由 1963 年的 79 万亩上升为 232 万亩，湖区排灌用人工车水的局面逐渐被机电排灌和机械替代。

1966年以后，在继续增加电排装机的同时大搞垸内田园化建设和渠系配套工程，排涝能力持续增强。至1973年，累计装机达1299处2207台23.03万千瓦。1974年，为提高湖区排渍标准，开始建设以控湖为主、单机功率800千瓦以上的大型泵站。所选用的立式轴流水泵叶轮直径有1.6米和2.8米两种，分别配单机功率800千瓦、1600千瓦、2800千瓦电动机，单台流量为7.5立方米每秒、21.0立方米每秒、25.9立方米每秒三种。至1981年，共建成大型泵站19处，总装机容量6.88万千瓦，设计排水流量706.3立方米每秒，排涝面积745万亩。至1984年，湖区电排总装机容量达48.82万千瓦，其中大中型47座，装机容量10.60万千瓦。

南县明山电排

# 46. 洞庭湖区“田园化建设”的主要内容是什么？

**答：**20世纪60年代大规模电排建设后，电排装机增加很快，但由于渠系不配套等原因，不能充分发挥机电排灌设备的作用。1968年，南县八百弓乡双丰村开渠修路6千米，种植杨柳、椿树万余棵，开创了湖区开沟排涝夺丰收的榜样。1969年春，湖南省水利厅组织湖区防汛人员参观学习“双丰渠道”建设经验，提出了“田成方、树成行、渠成网，山水田林路全面规划”的综合治理方针。1970年，时任湖南省委书记张平化视察安乡县铁路湾村平原田园化建设，发出“田、土、渠、林、路、房”统一规划的号召，洞庭湖区掀起“田园化”建设高潮。1969—1979年，湖区“田园化”建设共完成土方16.4亿立方米，开通干、支、斗、农、毛五级渠系，新建节制闸与跨渠桥、涵3万余处，结合建设乡村公路6379千米、机耕道10000千米，开通人工运河18条，开辟垸内（包括内湖、内河、运河）通航里程1551千米，在渠堤、道路、屋旁种植树木，形成垸内方格形田园面积近600万亩，为现代化农业生产创造了条件。

南茅运河两岸

# 47. 洞庭湖区“一期治理”有哪些内容？

**答：** 按照水利电力部 1983 年 12 月下发的《关于洞庭湖区近期治理工程安排的批复》，湖南省水利水电勘测设计院❶和湖南省洞庭湖水利工程局❷于 1984 年编制了《湖南省洞庭湖区近期防洪蓄洪工程初步设计书》，该设计书中确定了洞庭湖区近期防洪蓄洪工程主要建设内容（后来称为洞庭湖区“一期治理”），包括：①重点堤垸建设工程。11 个重点堤垸（长春垸于 1987 年调整为重点垸）大堤培修、涵闸（管）建筑物接长改建或新建、块石（混凝土预制块）保脚护坡、填塘固基、堤身加密灌浆等。②蓄洪堤垸建设工程。30 个蓄洪堤垸（后调整为 24 个）大堤险工险段加固、涵闸接长及顺堤修筑安全台、安全楼房、通信设施、道路桥梁、安全树木等。③长江护岸。14.8 千米严重崩岸河段块石护岸。④澧水及南洞庭湖洪道治理工程。洪道内全面清障、开挖中河槽。

洞庭湖区“一期治理”工程从 1986 年开始实施，至 1996 年全部完工。共计完成大堤培修加固 1682.7 千米，填塘固基 280.0 千米，堤身灌浆 571.8 千米，护坡 446.3 千米，护脚 219.7 千米，涵闸整修接

❶ 现更名为湖南省水利水电勘测设计规划研究总院有限公司。
❷ 现更名为湖南省洞庭湖水利事务中心。

长 756 处；建设顺堤安全台 543.9 千米、安全楼 13.58 万平方米、安全转移桥 124 座、安全转移公路 887.1 千米，植安全树 452.56 万株；洪道扫障 89.22 万亩次；建设 3 条有线通信干线 180.5 千米等。洞庭湖区“一期治理”工程的实施，在防汛减灾（特别是抵御 20 世纪 90 年代数场大洪水）、保障经济发展、保护人民生命财产安全和维护社会稳定中发挥了显著作用。

洞庭湖良田万顷 旧貌换新颜

## 48. 洞庭湖区“二期治理”规划有哪些内容？实施的“三个单项”是哪些？

**答：**《湖南省洞庭湖区 1994—2000 年防洪治涝规划（近期治理第二期工程）》由湖南省水利水电勘测设计院和湖南省洞庭湖水利工程局于 1993 年编制，1995 年国家计划委员会（今国家发展和改革委员会）进行了批复。洞庭湖区“二期治理”规划包括以下主要内容：①堤防工程。堤防加高培厚 2255 千米、堤身堤基灌浆 1438 千米、填塘固基 617 千米、护坡护脚 804 千米、大修涵闸 1008 处。②蓄洪安全建设。新建安全楼 95 万平方米、安全台 190 万平方米、安全区 18 个、安全转移路 1886 千米、进洪口 44 处。③洪道整治。澧水洪道、南洞庭洪道、藕池河东支注滋口河、资水洪道、汨罗江等洪道整治。④城市防洪工程。地级城市 6 个、县级市及县城 16 个。⑤通信报警。通信干线、信息系统、通信楼等。⑥水利结合灭螺。进螺涵闸改造 146 处、大堤外脚护堤平台 884 千米、大堤护坡和改造乱石护坡 300 千米、洪道清障翻耕 18.45 万亩、垸内沟渠清淤 4430 处。⑦治涝工程。现有泵站更新改造 18.4 万千瓦、现有渠系配套 263 千米、撇洪河配套 140 千米、加修内湖渍堤 269 千米、整修接长涵闸 577 处、新建泵站 9.5 万千瓦。⑧管理设施建设。防汛棚 996 个、碑牌卡 1.43 万个、仓库 302 处、料场 252 处。上述工程项目共有土方 3.76 亿立方米、砌石 1424 万立方米、混凝土与钢筋混凝土 273 万立方米，需劳动工日 2.68 亿个，工程造价（参考 1993 年物价水平）59.55 亿元。

洞庭湖区“二期治理”工程从 1997 年开始实施，至 2007 年完工，实际完成的建设内容包括 11 个重点堤垸堤防加固、南洞庭湖洪道整治和藕池河东支注滋口河洪道整治等三个单项工程。

在实施上述三个单项工程的同时，还对 142 千米长江干堤，按 2 级堤防标准全面加高加固；基本完成澧南、围堤湖、西官三个蓄洪垸的蓄洪安全建设；结合堤防加固，对部分河湖进行了清淤疏浚；实施平垸行洪、退田还湖工程，平退堤垸 340 处（含单退垸 117 处、双退垸 223 处），还湖面积达 779 平方千米；利用外资全面启动长沙、岳阳等 21 个城市防洪工程建设；对明山等 42 处大型排涝泵站进行更新改造，实施株洲白石港、沱江、华容河河道整治等水利血防工程等。

长春垸资水大堤

## 49. 洞庭湖区"平垸行洪、退田还湖、移民建镇"有哪些内容？

**答：** 1998 年长江特大洪水后，党中央、国务院决定在长江中游四省实施平垸行洪、退田还湖、移民建镇工程。湖南省认真落实中央的决策部署，用 5 年时间，平退 340 处堤垸（含蓄洪垸、一般垸和巴垸、外洲），搬迁 15.83 万户、52.04 万人。按平退方式分：单退垸 117 处，搬迁 10.03 万户、33.24 万人；双退垸 223 处，搬迁 5.80 万户、18.80 万人。按移民安置方式分：集中建镇、城镇扩容、新建中心村镇等方式集中安置 8.43 万户、28.13 万人；投亲靠友自行安置、政府统筹插队安置、就近高靠等方式分散安置 7.40 万户、23.91 万人。

平垸行洪、退田还湖、移民建镇工程的实施，取得了较大的经济效益和社会效益。一是扩大了行蓄洪能力，扩大行蓄洪面积 779 平方千米，增加行蓄洪容积 34.8 亿立方米，其中洞庭湖周边平退面积 156 平方千米，增加蓄洪容积 3.68 亿立方米。二是免除了 52 万多群众的水患之苦，减少了灾害损失，同时减少了防汛抢险费用消耗。三是促进了农村小城镇建设，建成了移民集中安置点 756 处，促进了农村小城镇建设，加快了区域经济的发展。四是促进了农业产业结构调整，帮助群众增加了收入。五是加强了党的建设，密切了党群、干群关系。

# 50. 洞庭湖区“近期治理”实施方案有哪些内容？

**答：**2007 年，水利部长江水利委员会在湖南、湖北两省的配合下，编制了《洞庭湖区治理近期实施方案》，经水利部审查、中国国际工程咨询有限公司咨询评估、国家发展和改革委员会同意后实施。规划工程总投资 159.6 亿元，其中湖南省总投资 129 亿元。湖南省建设任务包括钱粮湖等 22 个蓄洪垸及麻塘垸堤防加固工程、钱粮湖等 8 个蓄洪垸安全建设工程、华容河部分洪道整治工程 3 类项目，分 9 个项目推进前期工作，已实施 7 个，具体情况如下：

一是投资 13.46 亿元实施钱粮湖、共双茶、大通湖东 3 个蓄洪垸围堤加固工程，加固堤防 193 千米；二是投资 32.42 亿元实施围堤湖等 10 个蓄洪垸堤防加固工程，加固堤防 470 千米；三是投资 22.28 亿元实施安化等 9 个蓄洪垸堤防加固工程，加固堤防 321 千米；四是投资 1.38 亿元实施华容河综合整治工程，加固堤防 16 千米，整治华容河进出口闸；五是投资 0.99 亿元实施麻塘垸堤防加固工程，加固堤防 12 千米；六是投资 7.9 亿元实施钱粮湖、共双茶、大通湖东 3 个蓄洪垸分洪闸工程，已建成 3 个分洪闸，分洪流量 10000 立方米每秒；七是投资 43.83 亿元实施钱粮湖、共双茶、大通湖东 3 个蓄洪垸安全建设一期工程，加固堤防 110 千米，新建 11 个安全区、2 个安全台及改扩建转移道路桥梁。截至2023年，上述7个项目已基本完成，进入工程扫尾阶段。

湘江、资水、沅江、澧水、汨罗江尾闾河道及黄土包河洪道疏浚，围堤湖、澧南、西官3垸安全建设项目及城西、民主2垸安全建设试点，钱粮湖、共双茶、大通湖东3个蓄洪垸安全建设二期工程等由于国家政策调整等因素暂未实施。

# 六、洞庭湖区主要水利工程及其运用管理

## 51. 湖南省洞庭湖区目前千亩以上堤垸有多少？可分为哪几类？各自的功能是什么？受堤垸保护的总面积、耕地、人口及一线堤防总长度是多少？

**答：** 湖南省洞庭湖区共有千亩以上堤垸 226 个，可分为 11 个重点垸、24 个蓄洪垸及 191 个一般垸。

重点垸为重点保护的堤垸，其建设重点是加高加固堤防，提高防洪标准，使其防御设计洪水。洞庭湖区的 11 个重点垸，也就是 11 个防护大圈，一般都由几个大小堤垸合并而成，除 4 个重点垸未跨县以外，其他都跨县，还有 3 个跨地级市。

蓄洪垸，即蓄滞洪区，是为遇大洪水时有计划地分蓄洪水的堤垸，其建设重点包括防洪工程和蓄洪工程两部分。防洪工程建设要求能防御一般洪水，蓄洪工程建设要求在出现超额洪水时，能有计划地分蓄洪水。主要建设内容为加固堤防、修建垸内安全设施及分洪设施。洞庭湖区的 24 个蓄洪垸有 5 个跨县，还有 1 个跨地级市。

一般垸指重点垸、蓄洪垸之外的其他堤垸。一般垸的规模绝大部分都较小，其抗洪能力因垸而异，一小部分一般垸已进入城市防洪范围，其抗洪能力较强，而大部分一般垸因投入较小，抗洪能力较弱。

湖南省洞庭湖区226个堤垸共保护面积1844万亩、耕地950万亩、人口1401万人，一线堤防总长3471千米。

洞庭湖区一线防洪大堤

## 52. 洞庭湖区堤防的级别是如何确定的？堤防超高、坡比等有什么要求？

**答：** 洞庭湖区堤防级别主要由洞庭湖区综合治理规划分类确定。

（1）重点垸：根据《水利部关于洞庭湖区综合治理近期规划报告的批复》（水规计〔1998〕166号）、《水利部关于湖南省洞庭湖区二期治理三个单项工程初步设计报告的批复》（水规计〔1997〕536号）和《水利部向国家发展计划委员会关于报送洞庭湖区二期治理三个单项工程补充可行性研究报告审查意见的函》（水规计〔2001〕304号）等文件，明确洞庭湖区各重点垸一线防洪大堤堤防等级为2级；湖堤堤顶超高2.0米，河堤堤顶超高1.5米；堤防标准断面堤顶宽8米，堤外坡比为1：2.5~1：3.0，堤内坡比为1：3.00~1：3.25。

（2）蓄洪垸：根据水利部审查通过的《长江流域防洪规划简要报告》《洞庭湖区综合治理近期规划报告》，确定洞庭湖区蓄洪垸一线防洪大堤堤防等级为3级；湖堤堤顶超高1.5米，河堤堤顶超高1.0米；堤防标准断面堤顶宽6米，堤外坡比为1：2.5，堤内坡比为1：3.0。

（3）一般垸：一般垸的情况比较复杂，纳入城市防洪的一般垸应按照城市防洪的防洪标准执行。位于湘江、资水、沅江、澧水“四水”

洞庭湖防洪大堤

尾闾地区的一般垸，纳入了重要河段治理的项目，其堤防设计标准与“四水”重要堤防的批复保持一致，其他一般垸按照其社会经济地位的重要性或非农业人口数量等，依据《防洪标准》（GB 50201—2014）和《堤防工程设计规范》（GB 50286—2013）等标准，确定堤防等级、堤防超高与坡比。

## 53. 洞庭湖区重点垸有哪些？受重点垸保护的总面积、耕地、人口及一线堤防总长度是多少？

**答：** 根据原水利电力部《关于〈湖南省洞庭湖区近期防洪蓄洪工程初步设计书〉审查意见的通知》[（87）水电水规字 103 号]，原水利电力部明确洞庭湖区沅澧、大通湖、华容护城、烂泥湖、松澧、沅南、育乐、安保、安造、湘滨南湖、长春等 11 个堤垸为重点垸。根据

常德市松澧垸

2021 年湖南省洞庭湖水利事务中心对堤垸复核统计的结果，11 个重点垸共保护面积 990 万亩、耕地 534 万亩、人口 563 万人，一线堤防总长 1221 千米。具体情况见下表。

洞庭湖区重点垸情况表

| 序号 | 堤垸名 | 所在市 | 所在县（市、区） | 所在河流 | 堤长/千米 | 保护面积/万亩 | 垸内耕地/万亩 | 人口/万人 |
|---|---|---|---|---|---|---|---|---|
| 1 | 松澧垸 | 常德市 | 临澧县、澧县、津市市 | 澧水、松滋河 | 88.773 | 117.7890 | 58.10 | 73.23 |
| 2 | 安保垸 | 常德市 | 安乡县 | 澧水、松澧洪道、松虎洪道 | 99.983 | 53.2965 | 23.62 | 18.20 |
| 3 | 安造垸 | 常德市 | 安乡县 | 松滋河东支、虎渡河、松滋洪道 | 81.478 | 30.6900 | 15.70 | 21.19 |
| 4 | 沅澧垸 | 常德市 | 津市市、鼎城区、汉寿县、武陵区、西湖管理区、西洞庭管理区 | 沅江、澧水、目平湖 | 167.341 | 207.9495 | 114.43 | 129.20 |
| 5 | 沅南垸 | 常德市 | 汉寿县、常德经济技术开发区 | 沅江 | 65.116 | 84.6700 | 43.00 | 38.20 |
| 6 | 长春垸 | 常德市、益阳市 | 常德市汉寿县，益阳市沅江市、资阳区 | 资水、甘溪港河、南洞庭湖 | 77.990 | 57.8595 | 28.48 | 45.34 |
| 7 | 大通湖垸 | 益阳市 | 南县、沅江市、大通湖区 | 藕池河东支、沱江、草尾河、胡子口河、东洞庭湖 | 186.684 | 169.0320 | 91.84 | 61.99 |

续表

| 序号 | 堤垸名 | 所在市 | 所在县（市、区） | 所在河流 | 堤长/千米 | 保护面积/万亩 | 垸内耕地/万亩 | 人口/万人 |
|---|---|---|---|---|---|---|---|---|
| 8 | 育乐垸 | 岳阳市、益阳市 | 益阳市南县、岳阳市华容县 | 藕池河中支、梅田湖河、沱江 | 127.156 | 55.5000 | 28.44 | 33.07 |
| 9 | 烂泥湖垸 | 长沙市、岳阳市、益阳市 | 长沙市望城区、宁乡市，岳阳市湘阴县，益阳市赫山区 | 资水、湘江、沩水 | 132.310 | 127.4100 | 72.07 | 76.09 |
| 10 | 湘滨南湖垸 | 岳阳市 | 湘阴县 | 资水、南洞庭湖 | 83.845 | 30.5685 | 19.36 | 28.85 |
| 11 | 华容护城垸 | 岳阳市 | 华容县 | 华容河、鲇鱼须河、藕池河东支 | 110.567 | 54.7530 | 39.40 | 37.80 |
| 合计 | | | | | 1221.243 | 989.5180 | 534.44 | 563.16 |

# 54. 洞庭湖区蓄洪垸有哪些？总的蓄洪容积及一线堤防总长度是多少？垸内有多少耕地、多少人口？

**答：**湖南省洞庭湖区共有24个蓄洪垸（均为国家级蓄洪垸），分别为：钱粮湖、共双茶、大通湖东、建设、城西、民主、围堤湖、澧南、西官、屈原、九垸、江南陆城、建新、安澧、安昌、安化、集成安合、南汉、南顶、和康、六角山、北湖、义合金鸡、君山垸。根据2021年堤垸复核统计结果，24个蓄洪垸总的蓄洪容积为164亿立方米，一线堤防总长度1160千米，垸内共有耕地232万亩、人口174万人。洞庭湖区蓄洪垸基本情况见下表。

洞庭湖区蓄洪垸基本情况表

| 序号 | 所在堤垸 | 所属地市 | 所属县（市、区） | 一线堤防长度/千米 | 面积/万亩 | 人口/万人 | 耕地/万亩 | 蓄洪容积/亿立方米 |
|---|---|---|---|---|---|---|---|---|
| 1 | 钱粮湖 | | | 146.387 | 68.11 | 22.73 | 40.26 | 22.20 |
| 1.1 | 君山部分 | 岳阳市 | 君山区 | 65.176 | 32.55 | 10.63 | 16.33 | 11.19 |
| 1.2 | 华容部分 | 岳阳市 | 华容县 | 81.211 | 35.56 | 12.10 | 23.93 | 11.01 |
| 2 | 共双茶 | 益阳市 | 沅江市 | 121.740 | 43.95 | 16.45 | 23.64 | 18.51 |
| 3 | 大通湖东 | | | 43.357 | 33.08 | 14.13 | 15.23 | 11.20 |

续表

| 序号 | 所在堤垸 | 所属地市 | 所属县（市、区） | 一线堤防长度/千米 | 面积/万亩 | 人口/万人 | 耕地/万亩 | 蓄洪容积/亿立方米 |
|---|---|---|---|---|---|---|---|---|
| 3.1 | 华容部分 | 岳阳市 | 华容县 | 32.051 | 18.53 | 8.12 | 8.29 | 6.80 |
| 3.2 | 同兴垸 | 益阳市 | 南县 | 11.306 | 14.55 | 6.01 | 6.94 | 4.40 |
| 4 | 民主 | | | 81.230 | 36.79 | 12.52 | 17.50 | 11.42 |
| 4.1 | 资阳民主 | 益阳市 | 资阳区 | 72.045 | 35.74 | 12.16 | 17.04 | 11.04 |
| 4.2 | 保民垸 | 益阳市 | 沅江市 | 9.185 | 1.05 | 0.36 | 0.46 | 0.38 |
| 5 | 澧南 | 常德市 | 澧县 | 24.198 | 5.15 | 2.90 | 2.33 | 2.00 |
| 6 | 西官 | 常德市 | 澧县 | 59.000 | 10.44 | 1.80 | 5.50 | 4.44 |
| 7 | 围堤湖 | 常德市 | 汉寿县 | 15.130 | 5.50 | 2.80 | 2.80 | 2.37 |
| 8 | 城西 | 岳阳市 | 湘阴县 | 51.757 | 15.90 | 7.04 | 8.83 | 7.61 |
| 9 | 建设 | 岳阳市 | 君山区 | 18.288 | 15.69 | 8.99 | 8.70 | 4.94 |
| 10 | 九垸 | 常德市 | 澧县 | 24.500 | 8.05 | 2.06 | 2.42 | 3.79 |
| 11 | 屈原 | | | 44.840 | 35.86 | 15.53 | 25.07 | 11.96 |
| 11.1 | 屈原部分 | 岳阳市 | 屈原区 | 38.180 | 20.70 | 9.96 | 16.89 | 9.73 |
| 11.2 | 湘阴部分 | 岳阳市 | 湘阴县 | 5.160 | 10.13 | 3.14 | 4.99 | 1.05 |
| 11.3 | 汨罗部分 | 岳阳市 | 汨罗市 | 1.500 | 5.03 | 2.43 | 3.19 | 1.18 |
| 12 | 江南陆城 | | | 47.062 | 34.83 | 10.63 | 11.85 | 10.41 |
| 12.1 | 江南垸 | 岳阳市 | 临湘市 | 31.964 | 25.05 | 5.81 | 6.68 | 5.94 |
| 12.2 | 陆城垸 | 岳阳市 | 云溪区 | 15.098 | 9.78 | 4.82 | 5.17 | 4.47 |
| 13 | 建新 | 岳阳市 | 君山区 | 18.834 | 7.54 | 1.01 | 3.59 | 1.96 |
| 14 | 安澧 | 常德市 | 安乡县 | 69.655 | 18.41 | 7.37 | 9.20 | 9.20 |
| 15 | 安昌 | 常德市 | 安乡县 | 84.247 | 17.27 | 6.78 | 7.63 | 7.10 |
| 16 | 安化 | 常德市 | 安乡县 | 42.487 | 14.07 | 5.05 | 6.14 | 4.50 |

续表

| 序号 | 所在堤垸 | 所属地市 | 所属县（市、区） | 一线堤防长度/千米 | 面积/万亩 | 人口/万人 | 耕地/万亩 | 蓄洪容积/亿立方米 |
|---|---|---|---|---|---|---|---|---|
| 17 | 南汉 | 益阳市 | 南县 | 67.360 | 14.57 | 6.71 | 7.80 | 5.66 |
| 18 | 和康 | 益阳市 | 南县 | 46.403 | 14.52 | 5.66 | 7.79 | 6.20 |
| 19 | 集成安合 | 岳阳市 | 华容县 | 54.275 | 18.50 | 7.55 | 8.87 | 6.83 |
| 20 | 南顶 | 益阳市 | 南县 | 40.238 | 6.98 | 2.61 | 3.46 | 2.57 |
| 21 | 君山 | 岳阳市 | 君山区 | 35.442 | 13.71 | 7.28 | 7.73 | 4.8 |
| 22 | 义合金鸡 | 岳阳市 | 湘阴县 | 9.930 | 2.98 | 1.65 | 1.48 | 1.21 |
| 23 | 北湖 | 岳阳市 | 湘阴县 | 10.800 | 7.25 | 2.69 | 2.93 | 2.59 |
| 24 | 六角山 | 常德市 | 汉寿县 | 2.903 | 4.46 | 2.03 | 1.09 | 0.55 |
| 合计 | | | | 1160.063 | 453.61 | 173.97 | 231.84 | 164.02 |

## 55. 洞庭湖区蓄洪垸是怎样进行分类管理的？重要蓄洪垸和一般蓄洪垸蓄洪容积分别是多少？

**答：** 按照蓄滞洪区的启用概率和重要性，洞庭湖区蓄滞洪区分为重要、一般和规划保留三类。根据分类标准，洞庭湖区 24 个蓄洪垸分为重要蓄滞洪区 9 处、一般蓄滞洪区 4 处、蓄滞洪保留区 11 处，其中重要蓄滞洪区是使用概率较大（一般在 20 年一遇以下）的蓄滞洪区；一般蓄滞洪区是三峡工程建成后为防御 1954 年洪水，除重要蓄滞洪区外，还需启用的蓄滞洪区；蓄滞洪保留区是三峡工程建成后为防御超标准洪水或特大洪水需要使用的蓄滞洪区。

9 处重要蓄滞洪区分别为钱粮湖、共双茶、大通湖东、民主、澧南、西官、围堤湖、城西和建设垸，总的有效蓄洪容积 84.5 亿立方米；4 处一般蓄滞洪区分别为九垸、屈原、江南陆城和建新垸，总的有效蓄洪容积 28.1 亿立方米；11 处蓄滞洪保留区分别为集成安合、南汉、和康、安澧、安昌、安化、南顶、六角山、义合金鸡、北湖和君山垸，总的有效蓄洪容积 51.2 亿立方米。不同类型的蓄洪垸，其安全建设有不同的要求。

对于运用概率较高的重要蓄洪垸，尽可能创造条件以永久性避洪安置方式使居民能够得到有效的安全保障，在分蓄洪水时能正常、稳定生活。综合考虑耕作半径、区内或周边有无城镇和中心村、附近有无岗地、有无土源等条件和因素，合理布局，采取以安全区为主，安全台、后靠安全地区等相结合的方式进行居民避洪安置。

对于一般蓄洪垸，可采取定居和转移相结合的方式安置。在淹没水深相对较深的重度风险区以永久性避洪安置为主，对中度、轻度风险区，采取分洪临时撤退为主的避洪安置措施，结合新农村建设“道路村村通”规划，修建撤退道路、桥梁、码头等。

对于蓄滞洪保留区堤垸，因其使用概率较低，原则上不再建设安全区和安全台，可适当进行撤退道路、配套桥梁和通信预警系统的建设。

对于有效蓄洪容积较大且经济发展较快的蓄滞洪区堤垸，结合经济社会发展的需要，有条件且通过论证后，在满足防洪需要的前提下可适当扩大安全区的范围。

围堤湖蓄洪垸

## 56. 洞庭湖区蓄洪垸已建（含在建）的分洪闸有哪些？分洪闸启用条件是什么？

**答：** 洞庭湖区已建和在建的分洪闸有澧南垸分洪闸、西官垸分洪闸、围堤湖垸分洪闸、钱粮湖垸分洪闸、共双茶垸分洪闸、大通湖东垸分洪闸共 6 处。各分洪闸的启用条件如下：

澧南垸分洪闸启用条件：当澧水出现 1998 年、2003 年型洪水，或预报石门站洪峰流量超过 16000 立方米每秒，津市水位达到 44.00 米、兰江闸水位 46.10 米（澧南垸刘家河相应水位 46.07 米）以上，预报水位仍将继续上涨，道水傍山小垸已经蓄满，仍不能缓解松澧大圈危急时，启用澧南垸分洪闸泄洪。

西官垸分洪闸启用条件：当澧水出现 1998 年、2003 年型洪水，或长江洪水与澧水洪水遭遇，津市水位达到或者超过 44.00 米，安乡水位达到或者超过 39.5 米，石龟山水位达到或者超过 41.00 米，且澧南垸、七里湖垸、新洲下垸已先期使用，仍不能缓解松澧大圈危急时，启用西官垸分洪闸泄洪。

围堤湖垸分洪闸的启用条件为：当沅江常德站水位达到 41.50 米，并预报水位仍将继续上涨，且沅澧垸或沅南垸危急时，则开启围堤湖垸分洪闸泄洪。

钱粮湖、共双茶、大通湖东三垸分洪闸的启用条件为：当三峡水库对城陵矶地区的防洪补偿调度库容用完后，湖区平退垸已先期运用，预报城陵矶（莲花塘）水位仍将达到防洪控制水位 34.40 米并继续上涨，视实时水情工情需要，启用钱粮湖、共双茶、大通湖东三垸分洪时，则启用相应的分洪闸。

共双茶垸分洪闸

# 57. 洞庭湖防御洪水的基本原则是什么？

**答：** 洞庭湖防御洪水的基本原则如下：

（1）蓄泄兼筹，以泄为主；江湖两利，左右岸兼顾，上、中、下游协调。

（2）局部服从全局、兴利服从防洪。

（3）当发生设计标准内洪水时，加强工程防守，充分利用河道下泄洪水，合理利用三峡水库及其他干支流水库拦洪、错峰，适时运用流域内重要和一般蓄滞洪区分洪，确保防洪安全。

（4）当发生设计标准以上洪水时，充分运用水库拦蓄，适时启用蓄滞洪保留区，视情况采取局部河段适当超防洪控制水位运行、扩大河道泄洪能力等措施，保障重点防洪目标安全，最大限度减轻洪灾损失。

（5）在确保防洪安全的前提下，兼顾洪水资源利用。

# 58. 洞庭湖区蓄洪垸启用条件和运用顺序是什么？蓄洪补偿的依据是什么？

**答：**根据国务院批复的《长江防御洪水方案》（国函〔2015〕124号），预报城陵矶水位将达到33.95米并继续上涨，视实时水情工情，相机运用河段内长江干堤之间、洞庭湖区洲滩民垸行蓄洪水。预报城陵矶水位将达到34.40米并继续上涨，调度运用三峡等水库联合拦蓄洪水，以控制城陵矶水位不高于34.40米。当三峡水库对城陵矶地区的防洪补偿调度库容用完后，预报城陵矶水位仍将达到34.40米并继续上涨，视实时水情工情，相机运用重要蓄滞洪区、一般蓄滞洪区分洪，控制城陵矶水位不高于34.90米。

根据湖南省人民政府批复的《湖南省洞庭湖区防御洪水方案》（湘防〔2016〕45号），洞庭湖区各蓄滞洪区启用条件及启用顺序见下表。

洞庭湖区各蓄滞洪区启用条件及启用顺序

| 流域洪水分区 | 启用条件 | 启用顺序 |
|---|---|---|
| 湘江尾闾区 | 当长沙站水位达到39.00米，并预报仍将继续上涨，且长沙市城区或烂泥湖垸危急时 | 首先启用翻身外、樟树港、文泾港、石牛、乌龟冲、洋沙湖等垸蓄洪 |

续表

<table>
<tr><th colspan="2">流域洪水分区</th><th>启用条件</th><th>启用顺序</th></tr>
<tr><td colspan="2">湘江尾闾区</td><td>如上游来水量较大，采取上述措施仍不能有效缓解其危急时</td><td>启用翻身、苏蓼、城西、义合垸蓄洪；北湖垸视湘江尾闾或南洞庭湖洪水情势择机蓄洪</td></tr>
<tr><td colspan="2" rowspan="2">资水尾闾区</td><td>当益阳站水位达到39.00米，并预报仍将继续上涨，且益阳市城区、长春垸或烂泥湖大圈危急时</td><td>首先启用半边山、毛家桥、半稼山等垸和牛潭河、新桥河上、花果山等垸蓄洪</td></tr>
<tr><td>如上游来水量较大，采取上述措施仍不能有效缓解其危急时</td><td>启用民主垸蓄洪</td></tr>
<tr><td colspan="2" rowspan="2">沅江尾闾区</td><td>当常德站水位达到41.50米，并预报仍将继续上涨，且沅澧或沅南垸危急时</td><td>首先启用围堤湖垸蓄洪</td></tr>
<tr><td>仍不能缓解其危急时</td><td>启用木塘、车湖、陬溪垸蓄洪</td></tr>
<tr><td colspan="2" rowspan="3">澧水尾闾区</td><td>当津市站水位达到44.00米，并预报仍将继续上涨，且松澧垸危急时</td><td>首先启用澧水及道水傍山小垸（关山、毛坪、白马、英溪、廖坪、彭坪）蓄洪</td></tr>
<tr><td>如上游来水量较大，实施上述措施仍不能缓解其危急时</td><td>启用七里湖、澧南、西官垸蓄洪</td></tr>
<tr><td>若危急仍未解除</td><td>启用新洲下、阳由、新洲上、九垸蓄洪</td></tr>
<tr><td>松滋、虎渡、藕池河系</td><td>松滋河</td><td>当安乡站水位达到39.50米，石龟山站水位达到41.00米，并预报仍将继续上涨，且松澧垸、沅澧垸、安保垸、安造垸部分或全部危急时</td><td>启用七里湖、西官、九垸3个堤垸蓄洪</td></tr>
</table>

续表

| 流域洪水分区 | | 启用条件 | 启用顺序 |
|---|---|---|---|
| 松滋、虎渡、藕池河系 | 虎渡河 | 当南闸来水大于陆家渡河河道安全泄量，威胁安造垸的安全时 | 启用安昌垸分泄洪水 |
| | 藕池河 | 当东支南县（罗文窖）站水位达到36.35米，并预报仍将继续上涨，且华容护城垸或育乐垸危急时 | 启用集成安合垸蓄洪 |
| | | 当中支哑巴渡水位达到37.38米，并预报仍将继续上涨，且育乐垸危急时 | 依次启用南顶垸、和康垸、南汉垸蓄洪；安化垸视藕池河洪水情势择机蓄洪 |
| 西洞庭湖区 | | 当小河咀站水位达到36.50米，沅澧垸或沅南垸危急，且围堤湖垸已先期运用时 | 视超额洪量大小首先运用目平湖、五汉湖、杨阁老、三汉漳等一般垸和六角山垸蓄洪 |
| | | 当南咀站水位达到37.00米，安乡站水位达到39.50米或石龟山站水位达到41.00米，并预报仍将继续上涨，且沅澧垸或安保垸危急时 | 启用南汉垸蓄洪 |
| 南洞庭湖区 | | 当南咀站水位达到37.00米，小河咀站水位达到36.50米，并预报水位仍将继续上涨，且大通湖垸、育乐垸、长春垸、湘滨南湖垸危急时 | 首先运用畔山洲、江猪头、鲜鱼村、净下洲等垸，再启用宪城垸分泄洪水 |
| | | 如上游来水量大 | 启用青潭垸、弓管子等南洞庭湖区平垸行洪单退垸和永新垸，再启用共双茶垸蓄洪 |

续表

| 流域洪水分区 | 启用条件 | 启用顺序 |
|---|---|---|
| 东洞庭湖区 | 当三峡水库补偿库容用完后，预报城陵矶（莲花塘）水位将达到 34.40 米并继续上涨时 | 相机运用东洞庭湖区、汨罗江、新墙河流域的平垸行洪单退垸蓄洪 |
| | 如仍不能缓解危急，则视超额洪量大小及地区分布情况 | 启用大通湖东垸、钱粮湖垸、共双茶垸蓄洪 |
| | 如仍不能缓解危急 | 启用建设、建新、江南陆城、屈原、君山等蓄洪垸蓄洪 |

蓄滞洪区的运用补偿，主要依据《蓄滞洪区运用补偿暂行办法》（国务院令第 286 号）、《国家蓄滞洪区运用财政补偿资金管理规定》（财政部令第 37 号）和《水利部蓄滞洪区运用补偿核查办法》（水汛〔2007〕72 号）实施。

## 59. 蓄洪垸运用预案编制的原则及主要内容是什么？审批程序如何进行？

**答：**蓄滞洪区运用预案编制应符合江河防御洪水方案、洪水调度方案和县级以上人民政府及防汛指挥机构制定的防洪预案的要求。蓄滞洪区运用预案编制应坚持以人为本，强化防汛责任制，注重实用性和可操作性，保障蓄滞洪区及时有效运用。蓄滞洪区运用预案由蓄滞洪区所在地县级人民政府防汛指挥机构负责编制，由所在地县级人民政府审批。由上级政府或者上级防汛指挥机构调度的蓄滞洪区，其预案审批前应征得有调度权限的防汛指挥机构同意。国家级蓄滞洪区的运用预案应由省级防汛指挥机构汇总报送流域和国家防汛抗旱总指挥部办公室备案。

蓄滞洪区运用预案包括：①蓄滞洪区概况；②组织与保障；③预警与预报；④转移与安置；⑤工程调度与运用；⑥返迁与善后；⑦附图、附表。

# 60. 洞庭湖区堤防存在哪些工程地质问题？

**答：**洞庭湖处于长江中下游平原，特殊的地理环境，形成了特殊的地貌形态和地质条件，地势平坦、湖泊众多、河流发育，第四系松散堆积物广泛分布。洞庭湖区堤防基本为土堤，堤基直接坐落在第四系软弱的黏土、粉质黏土之上，下部大多还存在淤泥质土及粉细砂、砂砾石等不良松软地层，堤防存在的工程地质问题和险情隐患较多，归纳起来大约有以下几个方面的问题。

（1）渗漏问题。渗漏是普遍存在的问题，其中又分为堤身渗漏和堤基渗漏。堤身渗漏的原因是多方面的，一般为堤身填土的质量较差、堤防经过多次整修和加高培厚新老土层间存在结合弱面、施工质量较差等。堤身渗漏的形式主要为内坡散浸，其危害是抬高了堤身浸润线，使部分堤身土饱和，降低了土的抗剪强度，堤内坡产生坍塌、滑坡破坏。堤基渗漏通常发生在上部黏土盖层较薄（一般小于 3 米）的情况下，外河（湖）水位高于堤内时，地下水沿强渗透的粉细砂和砂砾石层涌向垸内，主要有分散性渗漏和集中渗漏两种形式。洪水期集中渗漏较普遍，初期以流土为主，最终形成管涌破坏，1998 年洪水期尤其严重，长江干堤普遍发生管涌，垸内离堤脚最远处达 800 米。重点垸中的安造垸，蓄洪垸中的钱粮湖、民主、团洲、新华垸等均因堤基管涌而产生过溃堤淹垸。

（2）沉陷变形。湖区较多堤基浅部存在淤泥质类软土，天然含水量高，具有孔隙比大、强度低、压缩性高、透水性差、固结排水时间长等特点，此类堤防往往存在沉陷变形问题，如钱粮湖垸采桑湖一线大堤，经过数十年仍然发生沉陷。在钱粮湖垸、西官垸安全区新修大堤时，也发生过堤基软土挤出导致堤身破坏等问题。

（3）冲刷失稳。湖区堤防一般都存在冲刷稳定问题，汛期在迎流当冲或外滩较窄的河段，在水流的底蚀和侧蚀作用下，外滩变窄，有的直接破坏了堤基，导致堤身失稳。在东、南洞庭湖及目平湖地区，湖面开阔，风的吹程大，对一线湖堤产生浪蚀，堤基岸坡淘刷垮塌现象较普遍。

（4）生物破坏。对堤防产生危害的生物主要有龙虾和白蚁。在近水堤脚，龙虾钻土打洞较常见，当龙虾洞发展到一定规模就对堤防安全产生威胁；白蚁通常在堤身打洞筑巢，啃食堤身土，危及大堤安全，1998 年洪水后，在长江干堤江南陆城垸，发现的最大蚁穴可以开进卡车，其规模之大超乎想象。

（5）砂土振动液化问题。洞庭湖绝大多数地区地震烈度为Ⅵ度，不需考虑砂土振动液化问题。但在岳阳—湘阴、常德—津市两个Ⅶ度区，在新修穿堤建筑物时，就应对粉细砂等是否产生振动液化进行评价。

## 61. 洞庭湖区汛期堤防常见险情有哪些？其中最主要的险情形式是什么？如何抢护？

**答：** 常见险情：基础渗流导致的管涌、流土险情；堤身渗流导致的内垮坡险情；水流冲刷或水位骤降导致的外垮坡（脚）险情；穿堤建筑物不均匀沉降导致的闸身变形、裂缝或闸门、启闭设备原因导致的渗水、漏水险情；白蚁等动物洞穴导致的漏洞险情；风浪冲刷形成的浪损险情。

主要险情：管涌、流土险情是洞庭湖区最主要的险情形式。据多年汛期险情资料分析，堤防基础险情（管涌险情）占总险情数量的50%以上。20世纪90年代以来，洞庭湖区发生多处特大管涌险情，如1996年长春垸（重点垸）、钱粮湖垸（蓄洪垸）、共双茶垸（蓄洪垸），1998年南汉垸（蓄洪垸）、安造垸（重点垸），1999年民主垸（蓄洪垸），2014年善卷垸（一般垸），2017年烂泥湖垸（重点垸）特大管涌险情，严重威胁堤垸安全，其中安造垸、钱粮湖垸、共双茶垸、民主垸均因特大管涌险情溃决，造成重大经济损失。

原因分析：洞庭湖区3级以上堤防中有约600千米砂质基础渗透严重堤段。高洪水位时，堤防基础渗透严重，常发生渗透破坏，引发重大管涌、流土险情。

抢护方法如下：

（1）反滤导渗：在翻沙鼓水险情较小时，宜适当清理管涌点周边杂物和淤泥后按要求分层铺设反滤料。按清水流出不带砂的要求控制反滤层厚度。

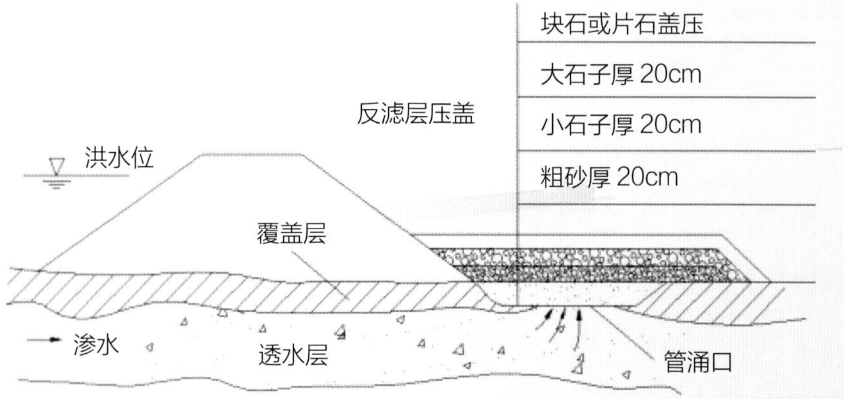


砂石反滤层压盖法示意图

（2）反滤围井：管涌点涌水量偏大时，适当清除涌水口周边杂物和淤泥，用土（砂）袋做成围井，井壁与地面较好接触，在围井内分层铺设滤料，反滤层厚度（围井高度）以涌水流出而不挟带泥沙为准。

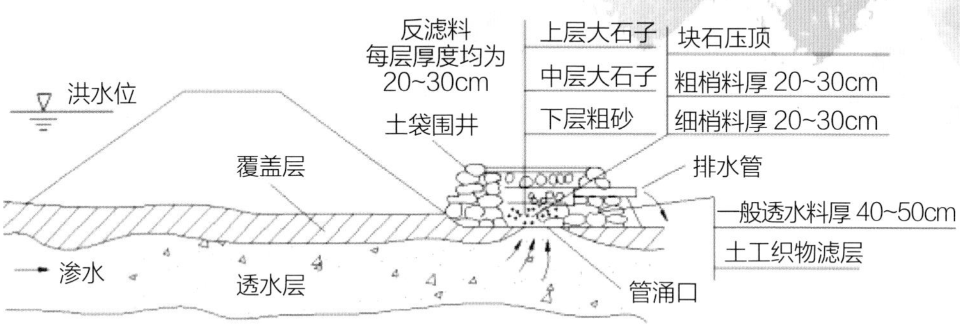


反滤围井示意图

（3）蓄水反压：当管涌出水量较大，或涌水口在水塘中，难以铺设反滤料时，应利用周边地形修筑围堤，壅高水位，形成反压，减少涌水和带砂量，控制险情。

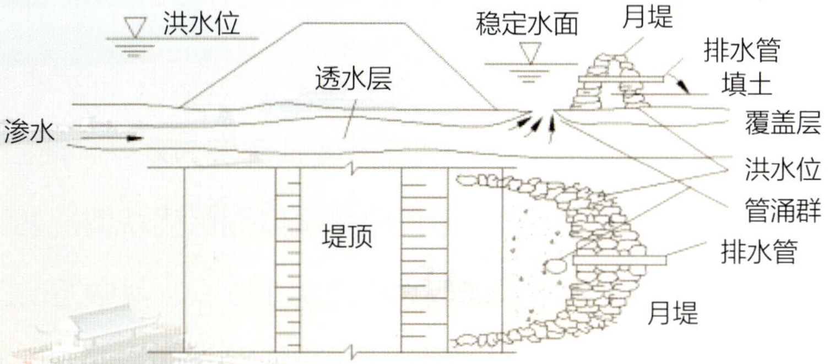


蓄水反压示意图（上：剖面图，下：平面图）

（4）当管涌发展为特大管涌险情后，上述方法很难实施。结合洞庭湖区曾发生的特大管涌发展变化过程及处置方法，宜同步采取如下综合处置措施。

1）在管涌发生点与堤防正交点处上下各30米左右范围的堤顶外肩填筑宽3~5米、高2米左右的子堤，防止堤身塌陷后漫溢。

2）采用砂石料填筑内戗台，稳固堤身、保证堤身渗水排出；砂石戗台顶部高程宜不低于外河水位，面宽3~5米、长60米左右。

3）堤身发生塌陷后，管涌溢出点出水量骤减，应抢修砂石导滤体。

4）在外河抛填土料截渗，减少堤身渗水量。

# 62. 洞庭湖区历年溃垸情况如何？

**答：** 洞庭湖堤防因砂性堤基、防洪标准低等原因，遇大水年溃垸险情时有发生。1954 年特大洪水，洞庭湖区共溃垸 356 个，溃口 881 处，淹没面积 385 万亩。20 世纪 90 年代以来洞庭湖区溃垸情况如下：1995 年围堤湖溃垸；1996 年大水，溃决大小堤垸 145 个（其中万亩以上堤垸 26 个），围堤湖垸再次溃决，共双茶、钱粮湖、大通湖东三垸溃决，重点垸长春垸溃决；1998 年大水，溃决大小堤垸 142 个（其中万亩以上堤垸 7 个），澧南、西官二垸溃决，重点垸安造垸溃决；1999 年民主垸溃决；2003 年澧南垸破堤蓄洪；2016 年钱粮湖新华垸溃决。主要溃垸情况如下：

（1）澧南垸：1998 年 7 月 23 日白芷棚、汪家洲和刘家祠堂三处自然溃口，总长 712 米，蓄水量 2.72 亿立方米，死亡 49 人，倒房 5148 间，损失粮食 1084 万千克；2003 年 7 月 10 日 0 时接蓄洪命令，1 时 30 分宋家渡堤段实施爆破蓄洪，破口长 310 米（因当时分洪闸在建，不能使用），蓄洪 5 小时后，澧县县城兰江闸站水位降低 1.02 米，效果显著，因新建了乔家河、张家滩两个集镇，垸内居民于 2001 年年底全部迁出，故仅农业和基础设施受损。

（2）西官垸：1980 年鸟儿洲堤段先管涌后溃垸，死亡 2 人，倒房 1.119 万间，损失粮食 415 万千克；1998 年 7 月 24 日，学堤拐段溃口，长度 390 米，最大冲深 16.5 米，蓄水量 5.584 亿立方米，死亡 7 人，倒房 8.1816 万间，损失粮食 750 万千克。

（3）围堤湖垸：20 世纪 80 年代以来遭受了数次洪水的侵袭，尤其是 1995 年、1996 年两次损失惨重，1995 年 7 月 3 日凌晨 3 时破堤，破口长 833 米（上口长 458 米、下口长 375 米），蓄水量 2.59 亿立方米，倒房 1200 间；1996 年 7 月 19 日水漫堤顶，0 时 33 分再次破垸，破口长 960 米（上口长 530 米、下口长 430 米），蓄水量 2.93 亿立方米，倒房 1500 间。

（4）共双茶垸：1996 年 7 月 22 日 12 时，新华轮窑处溃决，长 510 米，最大冲深 5.5 米，24 日出现最高水位，垸内两道间堤失守，共华、双华、茶盘洲全部被淹，蓄水量 17.02 亿立方米，倒房 2.441 万间。

（5）民主垸：1999 年 7 月 23 日甘溪港河中洲堤段先管涌，后塌陷溃堤，溃口桩号 14+870~15+118，长 248 米，冲深 12~18 米，因有间堤，故只造成民主片受灾，死亡 8 人，倒房 2.27 万间，损失粮食 7363 万千克。

（6）钱粮湖垸：1996 年 7 月 19 日团洲垸溃决，死亡 14 人，倒房 26364 间，损失棉花 9 万担[1]；同日，钱粮湖农场溃决，死亡 17 人，倒房 38270 间，损失粮食 3980 万千克。2016 年 7 月 10 日钱粮湖新华垸因管涌险情溃决。

（7）大通湖东垸：1996 年 7 月 21 日溃决，死亡 24 人，倒房 36852 间。

（8）长春垸：1996 年 7 月长春垸在沅江市文蛇垸因高洪水位漫溃。

（9）安造垸：1998 年 7 月 24 日安造垸城关棉纺厂大堤发生特大管涌溃决，溃口长约 80 米。

---

❶ 1 担等于 50 千克。

## 63. 荆江分洪区南线大堤与湖南防洪有什么关系？南闸和北闸的调度运用规则是什么？

**答：** 荆江分洪区位于长江中游荆江段南岸的湖北省公安县境内，东部、北部濒临长江，南抵安乡县、石首市，西靠虎渡河。该工程于 1952 年经中央人民政府政务院批准建成，包括 211 千米堤防工程（其中虎东堤 95 千米、长江干堤 94 千米、南线大堤 22 千米），太平口进洪闸（北闸）、黄山头节制闸（南闸）各 1 座。分洪区总面积 921 平方千米，人口 58.18 万人，设计蓄洪量 62 亿立方米，有效蓄洪量 54 亿立方米。

南线大堤位于湖北省公安县境内，西起分洪工程节制闸（南闸），东至公安县藕池镇，堤防全长 22 千米（起止桩号：579+000~601+000），为 1 级堤防，堤顶高程 45.60 米，面宽 8.00 米，硬化路面宽 4.00 米，内外坡比 1：3。不分洪时期，工程由湖北省负责建设、维护管理和防守。

荆江分洪区一旦蓄洪运用，南线大堤将成为保护洞庭湖区的屏障和生命线。在国家防汛抗旱总指挥部下达荆江分洪区人员转移命令时，南线大堤由湖南省接防，成立常德市荆江分洪区南线大堤防汛指挥部，负责荆江分洪区南线大堤的具体防守调度。为做好荆江分洪区一旦运用后南线大堤的防守工作，根据《关于南线大堤度汛措施的意见》（〔87〕中汛办字第 10 号），1988 年安乡县荆江分洪区南堤防洪管理所经批复成立，以该所作为荆江分洪区南线大堤防汛物资储备基地及荆江分洪区蓄洪后南线大堤防守前线指挥基地。

荆江分洪区南线大堤位置示意图

北闸位于太平口附近，是荆江分洪区的进洪闸，共 54 孔，每孔净宽 18 米，净高 5.5 米，闸身全长 1054 米，设计进洪流量 8000 立方米每秒。为防止闸前泥沙淤积影响进流，1961 年建有拦淤堤，长 3400 米，并已预埋药室 119 个，当需要分洪时，可迅速装药爆破（拟炸开口门 2200 米）。其运用原则是：当沙市水位达 45.00 米，并预报继续上涨时，视实时洪水大小和荆江堤防工程安全状况，由国家防汛抗旱总指挥部决定是否开启荆江分洪区进水闸（北闸）分洪。

黄山头节制闸又称南闸，共 32 孔，每孔净高 9 米，闸身全长 336.83 米，主要作用是控制虎渡河下泄流量不超过 3800 立方米每秒。其运用原则是：荆江不分洪，南闸不控制；荆江分洪区虽分洪，但虎东堤不溃口时南闸不控制；荆江分洪区分洪后，虎东堤溃口，或判定有溃口危险时，南闸控制下泄流量不超过 3800 立方米每秒；当涴市备蓄区运用时，如果虎渡河里甲口以下水位因泄洪的交叉水流影响而抬高时，南闸应立即控制过闸流量使之不超过 3800 立方米每秒。

# 64. 洞庭湖区排涝标准是什么？洞庭湖区排涝体系是如何构建的？

**答：**洞庭湖区的排涝标准分为农区排涝标准和城市排涝标准两大类。农区排涝标准采用 10 年一遇 3 日暴雨 3 日末排至农作物的耐淹水深（50 毫米），该标准于 1964 年由原水利电力部驻湖南省工作组确定，一直沿用至今，也符合现行设计规范的要求。一般城市（县级市、县城和重要集镇）排涝标准采用 10 年一遇 24 小时暴雨 24 小时排干，重要城市（地级市）排涝标准采用 20 年一遇 24 小时暴雨 24 小时排干。

洞庭湖区排涝体系总体上由闸排、撇洪、调蓄、提排等措施构成。“闸排”是指外河（湖、江）水位低于涝区水位时，涝水通过涵闸自流排入外河（湖、江）。“撇洪”是指根据“等高截流”的原理，将洞庭湖丘陵地区坡地上游的来水进行拦截，使之直接排入外河（湖、江）。“调蓄”是指利用涝区低洼处面积较大的水面，把本地雨水径流的高峰流量暂留，待最大流量下降后再将涝水慢慢排入外河（湖、江）。“提排”是指外河（湖、江）水位高于涝区水位且涝区已经或即将出现较大涝灾时，涝水通过电力设备提升排入外河（湖、江）。

截至 2021 年，湖南省洞庭湖区有小渡口、六门闸、乔口等大中型排涝水闸 122 处 298 孔，其中重点垸 71 处 201 孔、蓄洪垸 23 处 49 孔、其他垸 28 处 48 孔。现有烂泥湖、南湖、中洲等撇洪河 304 条，长 1299.3 千米，撇洪面积 6406 平方千米，总撇洪流量 14129 立方米每秒。现有大通湖、柳叶湖、烂泥湖、北民湖等常年水面面积 1 平方千米以上的内湖 155 处，水面总面积 736 平方千米，有效调蓄容积约 8.4 亿立方米。现有明山、西毛里湖、石山矶等排涝泵站 3529 处，总装机容量 94.46 万千瓦。

## 65. 洞庭湖区泵站总装机容量是多少？洞庭湖区泵站型式主要有哪几种？各有什么优缺点？

**答：**截至 2021 年，湖南省洞庭湖区共有排灌泵站 12009 处，水泵 15525 台，装机容量 133.21 万千瓦，设计流量 12734.71 立方米每秒，排涝面积 1853 万亩，灌溉面积 546.93 万亩。其中，大中型泵站 252 处，水泵 1596 台，装机容量 59.15 万千瓦，设计流量 5807 立方米每秒。

洞庭湖区泵站以轴流泵为主，部分为混流泵和潜水电泵。轴流泵是一种低扬程、大流量的泵型，适用于平原垸区大面积灌溉排水，一般为半调节或全调节，大大提高了工作范围，以立式安装为主，部分采用斜 15 度安装。混流泵是介于轴流泵和离心泵之间的一种泵型，扬程适中，流量较大，以立式安装为主。潜水电泵将电机和水泵组合成一体，具有体积小、质量轻、安装拆卸方便、节省土建投资等优点。

益阳市大东口泵站

## 66. 洞庭湖区有哪些典型的大型泵站？装机容量最大的泵站、设计流量最大的泵站、单台装机容量最大的泵站分别在哪里？

**答：**截至 2021 年，湖南省洞庭湖区已建和在建的大型泵站共 15 处，水泵 84 台，装机容量 13.72 万千瓦，设计流量 1762 立方米每秒，分别是岳阳市华容县六门闸泵站（装机容量 8400 千瓦，设计流量 190 立方米每秒）、临湘市铁山咀泵站（装机容量 12000 千瓦，设计流量 180 立方米每秒）、岳阳楼区南湖泵站（装机容量 7000 千瓦，设计流量 66.5 立方米每秒）；常德市鼎城区苏家吉泵站（装机容量 6400 千瓦，设计流量 156.4 立方米每秒）、牛鼻滩泵站（装机容量 5000 千瓦，设计流量 54.0 立方米每秒），汉寿县岩汪湖泵站（装机容量 10000 千瓦，设计流量 58.4 立方米每秒）、蒋家嘴泵站（装机容量 6250 千瓦，设计流量 192 立方米每秒）、坡头泵站（装机容量 7600 千瓦，设计流量 55.2 立方米每秒），澧县羊湖口泵站（装机容量 6400 千瓦，设计流量 82.0 立方米每秒）、小渡口泵站（装机容量 20700 千瓦，设计流量 294 立方米每秒），津市市毛里湖泵站（装机容量 5600 千瓦，设计流量 50.0 立方米每秒），市直属南碚泵站

（装机容量 7000 千瓦，设计流量 56.5 立方米每秒）、马家吉泵站（装机容量 11000 千瓦，设计流量 86.6 立方米每秒）；益阳市直属明山泵站（装机容量 13800 千瓦，设计流量 150 立方米每秒）、大东口泵站（装机容量 10000 千瓦，设计流量 90.0 立方米每秒）。

小渡口泵站建成后将成为洞庭湖区最大的泵站，装机容量 20700 千瓦，设计流量 294 立方米每秒。坡头泵站为洞庭湖区单台装机容量最大的泵站，单台装机容量为 3800 千瓦，单台水泵口径 2.80 米。

“水分子结构”建筑风格的马家吉泵站

# 67. 洞庭湖区主要内湖基本情况是怎样的？

**答：** 洞庭湖区原本是“水乡泽国”，1952 年和 1954 年堤垸整修，经过堵支并流、移堤合垸以后，当时的部分水网地区成了洪道，一些原本与洞庭湖相连的湖泊被围在堤垸内，成了内湖，如柳叶湖、冲天湖、围堤湖、珊珀湖、黄家湖、洋淘湖、大通湖等。洞庭湖内湖在调蓄涝水、灌溉农田、维护湖区生态等方面起着重要作用。因此，堤垸内保留一定比例的湖泊率是非常必要的。

根据湖南省第一次水利普查公报，湖南省洞庭湖区常年水面面积 1 平方千米以上的内湖湖泊共 155 个，其中长沙市 2 个、岳阳市 58 个、常德市 62 个、益阳市 30 个、跨市 3 个（烂泥湖、胭包山湖、鹿角湖）。1 平方千米以上的内湖总面积 736 平方千米（不含跨省界湖泊的省外面积），若加上洞庭湖本身水面面积，湖南省湖泊水面总面积达 3361 平方千米，居于全国前列。

## 洞庭湖区主要内湖基本情况表

| 序号 | 名称 | 所在堤垸 | 市 | 县（区、市） | 湖泊编码 | 常年水面面积/平方千米 |
|---|---|---|---|---|---|---|
| 1 | 北民湖 | 松澧垸 | 常德市 | 澧县 | FE059 | 13.3 |
| 2 | 珊珀湖 | 安保垸 | 常德市 | 安乡县 | FE155 | 18.9 |
| 3 | 柳叶湖 | 沅澧垸 | 常德市 | 武陵区 | FE119 | 9.07 |
| 4 | 沾天湖 | 沅澧垸 | 常德市 | 武陵区 | FE202 | 7.12 |
| 5 | 西湖 | 沅澧垸 | 常德市 | 津市市 | FE179 | 9.52 |
| 6 | 毛里湖 | 沅澧垸 | 常德市 | 津市市 | FE132 | 25.7 |
| 7 | 大通湖 | 大通湖垸 | 益阳市 | 南县、沅江市、大通湖管区 | FE077 | 79.4 |
| 8 | 烂泥湖 | 烂泥湖垸 | 益阳市、岳阳市 | 赫山区、湘阴县 | FE086 | 12.3 |
| 9 | 团头湖 | 烂泥湖垸 | 长沙市 | 望城区、宁乡市 | FE171 | 8.03 |
| 10 | 塌西湖 | 华容护城垸 | 岳阳市 | 华容县 | FE163 | 9.24 |
| 11 | 西湖 | 华容护城垸 | 岳阳市 | 华容县 | FE177 | 8.48 |
| 12 | 龙池湖 | 六角山垸 | 常德市 | 汉寿县 | FE121 | 8.22 |
| 13 | 冶湖 | 江南陆城垸 | 岳阳市 | 临湘市 | F6080 | 10.6 |
| 14 | 黄盖湖 | 黄盖垸 | 洪湖市、岳阳市 | 湖北赤壁市、湖南临湘市 | F6070 | 65.7（含湖北部分） |
| 15 | 大荆湖 | 民生垸 | 岳阳市 | 华容县 | FE075 | 9.93 |
| 16 | 牛奶湖 |  | 荆州市、常德市 | 湖北公安县、湖南澧县 | FE219 | 15.5（含湖北部分） |
| 17 | 芭蕉湖 | 永济垸 | 岳阳市 | 岳阳楼区、云溪区 | F6071 | 10.4 |
| 18 | 南湖 | 南湖垸 | 岳阳市 | 岳阳楼区 | FE139 | 13.8 |
| 19 | 坪桥湖 | 中洲磊石垸 | 岳阳市 | 岳阳县 | FE220 | 11.3 |

洞庭湖区最大内湖——大通湖

## 68. 洞庭湖区有多少条撇洪河？撇洪总长度、撇洪面积及撇洪流量分别是多少？有哪些主要的撇洪河？

**答：** 洞庭湖区撇洪工程的修建始于 1958 年，1973 年以后又陆续修建了一批规模较大的撇洪工程，据统计，湖区现有撇洪河 304 条，撇洪总长度 1299.3 千米，撇洪面积 6406 平方千米，撇洪流量 14129 立方米每秒。其中，大中型（撇洪流量大于 50 立方米每秒）撇洪河 40 条，撇洪总长度 521.5 千米，撇洪面积 6730 平方千米，撇洪流量 10578 立方米每秒。

洞庭湖区二期治理时，规划了 8 条主要的撇洪河的续建配套和除险保安工程，审批时只批准了位于重点垸的涔水、冲柳、南湖、烂泥湖 4 条撇洪河，其他的华容河、屈原、冶湖、中洲 4 条撇洪河未立项。8 条主要的撇洪河基本情况见下表。

## 8 条主要的撇洪河基本情况表

| 序号 | 名称 | 所在堤垸 | 干渠 | | 列入二期 | | 撇洪面积/平方千米 | 设计最大流量/立方米每秒 | 出口闸名 | 撇入河流 | 建设年份 |
|---|---|---|---|---|---|---|---|---|---|---|---|
| | | | 河长/千米 | 堤长/千米 | 河长/千米 | 堤长/千米 | | | | | |
| 1 | 涔水 | 松澧 | 72.43 | 106.42 | 72.43 | 100.90 | 1144.25 | 724 | 小渡口 | 七里湖 | 1973 |
| 2 | 冲柳 | 沅澧 | 55.40 | 142.00 | 47.50 | 117.96 | 553.61 | 620 | 苏家吉 | 沅江洪道 | 1975 |
| 3 | 南湖 | 沅南 | 50.50 | 102.17 | 50.50 | 50.45 | 967.56 | 1665 | 蒋家嘴 | 目平湖 | 1978 |
| 4 | 烂泥湖 | 烂泥湖 | 37.49 | 70.79 | 37.49 | 70.79 | 689.60 | 1200 | 乔口 | 湘江尾闾 | 1979 |
| 小计 | | | 215.82 | 421.38 | 207.92 | 340.10 | 3355.02 | 4209 | | | |
| 5 | 华容 | 华容护城 | 48.00 | 67.98 | 0 | 0 | 728.00 | | 六门 | 东洞庭湖 | 1958 |
| 6 | 屈原 | 屈原 | 17.51 | 28.65 | 0 | 0 | 92.00 | 132 | 营田 | 南洞庭湖 | 1965 |
| 7 | 冶湖 | 江南陆城 | 29.82 | 32.24 | 0 | 0 | 188.00 | 441 | 鸭栏 | 长江 | 1978 |
| 8 | 中洲 | 中洲 | 6.50 | 9.05 | 0 | 0 | 251.60 | 525 | 中洲 | 东洞庭湖 | 1979 |
| 合计 | | | 317.65 | 559.30 | 207.92 | 340.10 | 4614.62 | | | | |

烂泥湖撇洪河

# 69. 除一线堤防外，洞庭湖还有哪些堤防？情况如何？

**答：** 洞庭湖区除一线防洪大堤外，还有撇洪河堤、内湖哑河渍堤、间（隔）堤、安全区堤和灌排渠道堤。

撇洪河堤：洞庭湖区撇洪河大多建设于 20 世纪 50—70 年代，目前，洞庭湖区共建成撇洪河 304 条，长度 1299.3 千米。撇洪河堤治理标准总体为 10 年一遇，但由于撇洪河堤大多数是地方自筹资金和劳动力建成的，且建设时间较早，国家一直未投入资金进行系统的加固，故堤防普遍存在高程、宽度、坡比不够的问题。根据调查，堤顶宽度一般为 4~6 米，内外坡比一般为 1∶2，有的撇洪河堤顶宽度仅有 2 米，内外坡比仅为 1∶0.5。

内湖哑河渍堤：洞庭湖区现有常年水面面积大于 1 平方千米的内湖 155 处，列入名录的哑河（也称内河）33 处。内湖哑河堤防治理标准总体为 10 年一遇，但由于内湖堤防大多数是地方自筹资金和劳动力建成的，且建设时间较早，国家一直未投入资金进行加固，故堤防普遍存在高程、宽度、坡比不够的问题，据调查，堤顶宽度一般为 2~3 米，内外坡比一般为 1∶1，有的堤防堤顶宽度仅有 0.5 米，内外坡比仅为 1∶0.8。

间（隔）堤：间（隔）堤是指洞庭湖区堤垸之间或堤垸内部的堤

防，一般不临水。一种是近年修建的不同性质堤垸之间的隔堤，如松澧垸（重点垸）与九垸（蓄洪垸）之间的松澧隔堤，堤防达到设计标准；另一种为合并堤垸时，原来的一线堤防变成了垸内间堤，如南汉垸由南洪垸和汉太垸合并而成，原两垸之间的堤防变成了垸内间堤。该类堤防由于所起作用的不同，现状质量也参差不齐。

安全区堤：为近年蓄洪垸安全建设工程修建安全区时新建的堤防，一般不临水，在蓄洪垸进行分蓄洪时，成为临水的一线堤防，堤防均达到了设计标准。

灌排渠道堤：洞庭湖区堤垸内存在大量的灌排渠道，有些灌排渠道建有渠堤，该类渠道建设时间久远，建设标准低，但在近年的灌区建设、涝区建设、河湖连通等工程中，部分渠堤得到整修加固，达到了设计标准。

# 70. 洞庭湖区涵闸主要有哪几种类型？有多少大中型涵闸？

**答：** 洞庭湖区的涵闸主要包括以下几种类型：①节制闸，用于调节上游水位、满足下一级渠道分水要求而拦河（渠）修建的水闸；②进水闸（取水闸，渠首闸），渠道首部用于取水并控制进水流量的水闸；③分水闸，干渠以下各级渠道首部控制分水流量的水闸；④分洪闸，建于河岸边、蓄洪区或分洪道进口处用以分泄河道洪水的水闸；⑤排水闸（排涝闸），排水渠道上用以排除内河或洼地涝、渍水的水闸。

湖区涵闸工程是随着堤防的修建而发展起来的，1949 年湖区共有大小堤垸 993 个，在 6406 千米的堤防上共有各式剅涵 11191 座，但其涵洞多由砖、瓦、木管建成，木质叠梁填土闸门，孔径小，启闭困难，1949 年以后逐步改造为浆砌石、混凝土、钢筋混凝土涵洞及钢筋混凝土或钢质闸门；通过合堤并垸以后，至 1987 年尚有涵闸 1697 座；至 1996 年，按 6 个市填报的资料汇总，共有主要涵闸 1122 处 1491 孔。至 2020 年，按照 226 个堤垸名录统计口径，湖区共有大中型涵闸 155 处 386 孔，其中常德市 44 处 128 孔、益阳市 33 处 69 孔、岳阳市 35 处 86 孔、长沙市 12 处 29 孔、湘潭市 23 处 53 孔、株洲市 8 处 21 孔。其中，重点垸 71 处 201 孔，蓄洪垸 23 处 49 孔。

常德市苏家吉水闸

# 71. 洞庭湖北部地区缺水的主要原因及其解决的途径是什么？

**答：** 湖南省洞庭湖北部地区主要指湖南省境内的洞庭湖“四口”水系地区。洞庭湖“四口”水系是指连接长江和洞庭湖的松滋河、虎渡河、藕池河及华容河（已于 1958 年建闸控制）干支流组成的复杂水网体系，是连接长江与洞庭湖的纽带。主要涉及岳阳市的华容县、君山区，益阳市的南县、大通湖区和沅江市，常德市的安乡县、澧县和津市市，共 3 市 8 个县（市、区）。近年来，洞庭湖北部地区供水、灌溉问题日益突出，已经演变为湖南省的第四个干旱区，主要原因有以下两个方面。

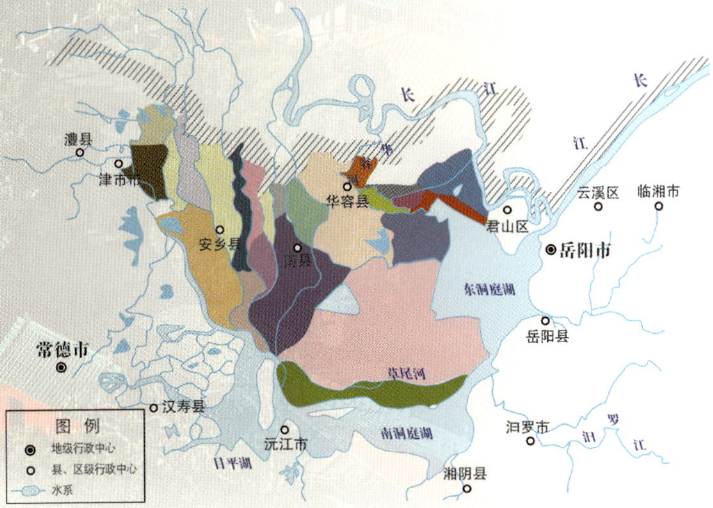

湖南省洞庭湖北部地区示意图（图中色块代表不同的堤垸）

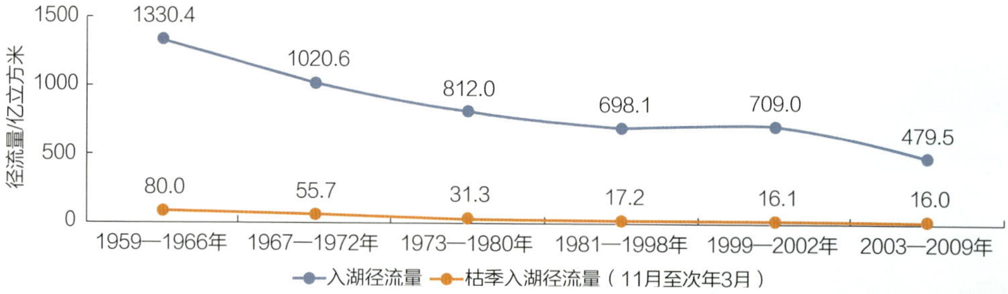


“四口”入洞庭湖水量变化图

一是受江湖关系变化，“四口”过境水资源量减少，资源性缺水形势更趋严峻。“四口”水系分泄长江径流入洞庭湖，是洞庭湖水资源的重要来源之一。受自然演变及人类活动等因素影响，“四口”入湖水量减少，洞庭湖枯水期提前、持续时间延长，该地区过境水资源量逐步减少；随着长江上游干支流水库的进一步建成投运，“四口”分流量将进一步减少，断流时间进一步延长。据统计，“四口”入湖水量持续减少，入湖水量由20世纪五六十年代的1340亿立方米减少到2003年以后的498亿立方米，特别是枯水期由80亿立方米减少到16亿立方米。“四口”河道断流严重，除松滋河西支外其他河道年均断流达141~271天，藕池河西支2006年断流336天。

“四口”河道断流时间示意图

二是当地水资源量时空分布不均，调蓄能力不足，对供水灌溉需水的保障程度低。洞庭湖北部地区年降水量较丰沛，但仍低于全省均值，且年际变化较大，年内分配不均。降水主要集中在 4—9 月，占年降水量的 70%。该地区人均、亩均占有水资源量偏少，且受自然地理条件限制，堤垸内的蓄水设施调蓄能力不足；由于地下水铁、锰含量超标，一些地区地下水开发利用难度较大，当地水资源量对供水灌溉需水的保障程度低。

针对洞庭湖北部地区缺水的严峻形势，“十四五”期间湖南省水利部门结合“四口”水系综合整治、内外水系连通工程，逐步构筑江湖共济、河湖水系和骨干输配水工程相配套的水资源配置网络。按照“澧水东调，北连长江，南引草尾，分区配置，分散补水”总体布局，重点推进洞庭湖北部地区分片补水工程，完善水网建设。在继续实施灌区续建配套和节水改造以及排涝能力建设基础上，以堤垸为单位统筹整合灌排体系，构建以大型灌区为主的洞庭湖灌排格局，积极争取在岳阳、常德、益阳 3 市各新建 1 个大型灌区。

# 72. 洞庭湖北部地区补水工程有哪些？功效如何？

**答：** 洞庭湖北部地区涉及岳阳、常德、益阳等 3 市 8 县（市、区），面积 5018 平方千米，以“四口”水系为主要水源。三峡工程建成运行以来，除松滋河西支外，“四口”水系其他河道年均断流 141~271 天。区内生活用水、生产用水和生态用水受到影响。

湖南省委省政府高度重视洞庭湖北部地区缺水问题，在“四口”水系综合整治一时不能启动的情况下，立足改善民生，先期推动分片补水工作，并分两期实施。

（1）洞庭湖北部地区分片补水一期工程。按照“省级奖补、市县主体”模式实施，于 2018 年启动建设，2020 年建成，完成澧县西官垸补水工程、安乡县珊珀湖补水工程、安乡县东部补水工程、安乡县县城补水工程、南县沱江补水工程、益阳市大通湖垸五七运河补水工程、沅江市大通湖垸东南片补水工程、岳阳市华洪运河补水工程 8 个应急补水项目，共计投资 15.7 亿元，共建提水泵站 23 处、水闸 347 处、倒虹吸 3 处，整治渠道 129 千米，总引水流量 192 立方米每秒。工程实施后，以长江干流、松澧水、草尾河为水源的 3 条补水动脉初步打通，截至 2023 年 10 月，累计补水超过 20 亿立方米，有效改善了 168 万人、200 万亩耕地生活生产水源条件，有力提升了大通湖、珊珀湖、三仙湖水库等水域水质，生态效益、经济效益显著。

（2）洞庭湖北部地区分片补水二期工程。按照“省级补助、市县主体”模式实施，于 2021 年启动，2023 年建成。共实施安乡县安造安昌安化垸补水工程、澧县梦溪补水工程、益阳市大通湖垸明山补水工程、益阳市大通湖南部水系连通工程、华容县护城垸补水工程、君山区君山垸补水工程等 6 个项目，共新（改）建提水泵站 76 处（骨干提水泵站6处）、节制闸31处，新建倒虹吸管3处，开挖渠道4.5千米，衬砌加固渠道 118 千米，整治渠系建筑物 248 处，新建供水管道 6.4 千米，加固内湖堤 44.2 千米。二期工程实施后，立足湖南省内水源布局的洞庭湖北部地区分片补水总体格局已基本构建，可有效改善超过 30 万人、100 万亩耕地生活生产水源条件和河湖水质。

北部补水华洪运河补水工程

# 73. 三仙湖水库总库容、有效库容是多少？对当地水资源利用及防洪排涝有什么重要意义？

**答：**三仙湖水库位于益阳市南县境内，系控制藕池河东支支流沱江南北进出口形成的。上主坝位于北端的南洲镇，下主坝位于南端的茅草街镇，东西两侧防洪大堤为副坝，总库容 9410 万立方米。2002 年年底建成，2007 年 9 月被湖南省水利厅认定为平原型中型水库，是一座以灌溉、排涝为主，兼顾防洪、通航功能的中型水利工程。

水库所在的沱江原属藕池河东支支流，北起南洲镇，南至茅草街镇入南洞庭湖，全长 41.02 千米，是大通湖垸与育乐垸的界河。沱江沿线两岸有 6 个乡镇 222 个行政村，总人口 38.85 万人（其中农业人口 25.84 万人），耕地面积 36.5 万亩，是南县粮、棉、麻主产区，也是南县食品加工、农机修造等工业企业基地，更是渔业生产基地。三仙湖水库建设前，由于泥沙淤积，河道淤塞，沱江河床平均抬高了 4.08 米，形成悬河，行洪功能明显下降；枯季断流，灌溉能力减弱，原有沿河水利设施失效，农田因水源紧缺，导致干旱大面积减产减收，洲滩上芦苇杂草丛生，血吸病蔓延。为解决沱江两岸防洪、水资源水环境逐步恶化等问题，1999 年国家启动沱江综合治理工程建设，并于 2002 年完工，主要治理措施是在加固两岸堤防、实施水利血防工程建设的基础上，对沱江上、下两口实施闸坝控制，形成三仙湖水库。其中，沱江上闸坝工程包括上坝坝体、引水闸和护坡工程，上坝坝体全长 1080 米，坝顶高程 39.30 米，引水闸引水流量 50 立方米每秒。沱江下闸坝工程包括下坝坝体、排水闸、泄水船闸和护坡工程，下坝坝体全长 380 米，坝体西侧排水闸共 3 孔（宽 3 米、高 3.2 米），东侧泄水船闸净宽 10 米，全长 213 米。副坝工程包括：泵站 16 处（水泵 55 台，装机容量 10125 千瓦，设计排水流量 84.8 立方米每秒）、涵闸及涵管 34 处。近年来，由于江湖关系持续剧烈演变，藕池河断流时间延长，加之经济高速发展，三仙湖水库蓄水及藕池河汛期来水已不能满足南县县城等地的发展需求，现已在下坝址处增建闸站一体调节泵站，装机 4 台（装机容量 2520 千瓦），设计提水流量 16 立方米每秒（装机 2 台），设计排渍流量 38 立方米每秒（装机 4 台），以解决南县沱江两岸生产、生活用水及排涝问题。

三仙湖水库建成后，取得了显著效益。一是通过上、下水闸及调节泵站控制汛期水位不超警，缩短防洪堤线，减少防洪压力；二是在汛末蓄水，实现洪水资源化利用，干旱时提水，增大了调蓄量，提高了水资源配置能力，减少了旱灾，确保了库区周边农业丰产丰收；三是蓄水后，水库水位常年控制在 32.50 米左右，水位抬高，改善了沿岸水运条件，且消灭了钉螺滋生的环境，有效控制了血吸虫疫源蔓延，生态环境得到了有效改善。

三仙湖水库

# 七、“四水”干流主要的控制性水利工程

# 74. 湘江干支流上有哪些主要的控制性水利工程？总库容及防洪库容多大？

**答：** 湘江是洞庭湖水系湘江、资水、沅江、澧水“四水”中流域面积最大的河流，西源发源于广西壮族自治区兴安县南部白石乡镇近峰岭，由东安县进入湖南省境内，主源发源于湖南省蓝山县湘江源瑶族乡野狗岭，至湘阴县濠河口分两支于芦林潭汇合后注入洞庭湖。从主源至濠河口干流全长 948 千米，流域面积 94660 平方千米，流域涉及湖南、广西、江西、广东四省（自治区）14 个地级市的 79 个县（市、区），其中湖南省占 89.7%，广西壮族自治区占 7.47%，江西省占 2.44%。湘江水系发育，支流众多，其中流域面积大于 10000 平方千米的支流有 3 条，即潇水、耒水和洣水；流域面积为 3000~10000 平方千米的一级支流有舂陵水、蒸水、渌水、涟水、浏阳河等 5 条；流域面积为 1000~3000 平方千米的一级支流有灌江、紫溪河、芦洪江、白水、宜水、祁水、涓水、捞刀河、沩水等 9 条。

流域中控制性水利工程主要为水库电站，水库总库容反映了水库的规模等级，防洪库容则体现了水库拦洪和对下游防护的能力。湘江流域库容大于 1 亿立方米的水库共有 21 座，其总库容共计 173.2 亿立方米，防洪库容 8.54 亿立方米。其中，湘江干流上分布有 8 座水库，主要为低水头径流式电站，总库容 30.28 亿立方米，防洪库容 1.07 亿立方米，从上游至下游分别为潇湘、浯溪、湘祁、近尾洲、土谷塘、大源渡、株洲、长沙航电枢纽；其余的 13 座水库分布于湘江各个支流，总库容 142.93 亿立方米，防洪库容 7.47 亿立方米，分别为涔天河（潇水）、双牌（潇水）、欧阳海（舂陵水）、东江（耒水）、白渔潭（耒水）、青山垅（洣水永乐江）、洮水（洣水沔水河）、水府庙（涟水）、酒埠江（洣水攸水）、株树桥（浏阳河）、官庄（浏阳河涧江河）、黄材（沩水）以及晒北滩（白水）水库。湘江支流俊水的毛俊水库和椒花河的椒花水库正在建设中，设计总库容分别为 1.17 亿立方米和 1.68 亿立方米。

湘江干流上的水库电站主要修建于 20 世纪 90 年代以后，兼顾灌溉、供水、发电、航运、旅游等功能。潇湘、浯溪、湘祁、近尾洲、土谷塘、大源渡、株洲、长沙 8 个航电枢纽，2000 吨级航道可实现从岳阳城陵矶直通衡阳。湘江支流上大部分水库电站修建于 20 世纪 50—60 年代，东江水库始建于 1958 年，直至 1992 年工程才全面竣工，是一个以发电为主，兼有防洪、航运、供水等综合利用的水利工程，总库容 92.7 亿立方米（湘江流域最大），防洪库容 1.58 亿立方米，库区“东江湖”为国家 AAAAA 级旅游区、国家生态旅游示范区、国家湿地公园、国家水利风景区；涔天河水库始建于 1966 年，最初总库容 1.05 亿立方米，防洪库容 0.17 亿立方米，2012 年 8 月扩建工程开工，2016 年 12 月下闸蓄水，扩建后总库容 15.1 亿立方米，防洪库容 2.5 亿立方米（湘江流域最大），扩建后可削减潇水干流洪峰，结合堤防建设，提高江华瑶族自治县、道县防洪标准，基本解决永州市特别是江华瑶族自治县、江永县、宁远县、道县的农田灌溉缺水问题，还可给下游河道尤其是湘江干流长株潭河段补水。

## 75. 资水干支流上有哪些主要的控制性水利工程？总库容及防洪库容多大？

**答：**资水属洞庭湖水系湘江、资水、沅江、澧水“四水”中的第三大河，河流长 653 千米，流域面积 28100 平方千米，流域涉及湖南、广西两省（自治区）7 个地级市的 24 个县（市、区），湖南、广西两省（自治区）分别占 95.27% 和 4.73%。资水分西源赧水和南源夫夷水，西源赧水为主源，发源于邵阳市城步苗族自治县，至双江口河长 188 千米，流域面积 7103 平方千米；南源夫夷水发源于广西壮族自治区资源县，至双江口河长 248 千米，流域面积 4554 平方千米。于双江口两源汇合后始称资水，之后北流，沿途纳各支流，至甘溪港分两支汇入洞庭湖。

资水干支流上库容大于 1 亿立方米的水库电站共有 6 座，总库容 42.22 亿立方米，防洪库容 11.46 亿立方米。其中，资水干流从上游至下游分布有筱溪、柘溪、马迹塘、修山水库共 4 座，总库容 39.7 亿立方米，防洪库容 10.6 亿立方米；资水支流上分布有六都寨（辰水）水库、车田江（油溪河）水库，总库容 2.51 亿立方米，防洪库容 0.86 亿立方米，资水支流夫夷水上的犬木塘水利枢纽工程正在建设中，设计总库容 1.4 亿立方米。

柘溪水库为资水流域中最重要的水利工程，位于资水中游安化县城上游，集雨面积 22640 平方千米，占资水全流域面积的 80%，总库容 35.67 亿立方米，防洪库容 10.6 亿立方米，是资水干流上唯一一座大型防洪水库，承担着下游安化、桃江、益阳等城市的防洪任务，是资水尾闾以及洞庭湖区防洪体系的重要组成部分。

# 76. 沅江干支流上有哪些主要的控制性水利工程？总库容及防洪库容多大？

**答：**沅江是长江第三大支流，也是洞庭湖水系湘江、资水、沅江、澧水“四水”中水量最大、水能资源蕴藏量最丰富的河流。沅江发源于贵州省都匀市，源头马尾河与重安江汇合后称清水江，再至黔城汇渠水后始称沅江，于湖南省常德市注入洞庭湖。沅江流域覆盖湘西、黔东、渝东与鄂西部分地区，干流总长 1028 千米，流域面积 89800 平方千米，其中湖南省占 57.3%，贵州省占 34.1%，重庆市和湖北省共占 8.6%。沅江支流也较多，流域面积 3000 平方千米以上的有 7 条：左岸有支流舞水、辰水、武水和酉水，右岸有支流渠水、巫水和溆水，其中酉水是沅江最大的支流。

沅江干支流上库容大于 1 亿立方米的水库共有 18 座，总库容 160.54 亿立方米，防洪库容 20.61 亿立方米。其中，沅江干流上分布有 11 座水库，总库容 125.54 亿立方米，防洪库容 17.46 亿立方米，最上游 2 座水库位于贵州省，其余均在湖南省境内，从上游至下游为三板溪（贵州省）、白市（贵州省）、托口、洪江、安江、铜湾、清水塘、大洑潭、五强溪、凌津滩和桃源水库；沅江支流上分布有 7 座水库，总库容 35 亿立方米，防洪库容 4.15 亿立方米，分别为白云（巫水）、碗米坡（酉水）、凤滩（酉水）、黄石（白洋河）、竹园（夷望溪）、蟒塘溪（舞水）和晒口（渠水）水库。沅江支流峒河上的大兴寨水库工程正在建设中，设计总库容为 1.13 亿立方米。

五强溪水库和凤滩水库坐落于怀化市沅陵县境内，均以发电为主，兼顾防洪、航运等功能，是沅江流域重要的水利工程。五强溪水库是沅江干流最大的水利工程，控制流域面积 83800 平方千米，占沅江流域面积的 93.3%；水库总库容 43.5 亿立方米，防洪库容 13.6 亿立方米，位列沅江流域第一名，建库后将沅江尾闾的防洪标准由建库前的 5 年一遇提高到 20 年一遇，在 1995 年、1996 年、1998 年和 1999 年 4 次大洪水中，对保障沅江尾闾及洞庭湖区的防洪安全发挥了重要作用。凤滩水库位于沅江支流酉水下游，控制流域面积 18530 平方千米，占沅江流域面积的 20.6%；水库总库容 17.3 亿立方米，防洪库容 2.77 亿立方米，位列沅江流域第二名，当沅江干流发生特大洪水且凤滩水库有防洪库容时，可为沅江干流错峰，减轻下游的防洪压力。

五强溪水电站

# 77. 澧水干支流上有哪些主要的控制性水利工程？总库容及防洪库容多大？

**答：** 澧水位于湖南省西北部，有南、中、北三源，以北源为主，发源于湖南省张家界市桑植县，小渡口以上干流全长 388 千米，落差 1439 米，流域面积 18583 平方千米，其中湖南省占 83.4%，其余属湖北省。流域内集雨面积大于 1000 平方千米的支流有溇水、渫水、道水和涔水。澧水的主要支流为溇水、渫水。

澧水干支流上库容大于 1 亿立方米的水库共有 5 座，总库容 37.09 亿立方米，防洪库容 16.27 亿立方米。其中，澧水干流上主要有鱼潭水电站和茶林河水电站，总库容 2.51 亿立方米，防洪库容 0.53 亿立方米；澧水支流上分布有江垭（溇水）、皂市（渫水）和王家厂（涔水）水库，总库容 34.58 亿立方米，防洪库容 15.74 亿立方米。

江垭和皂市水库是澧水流域重要的防洪骨干工程，兼顾发电、灌溉和航运等功能。江垭水库位于张家界市慈利县境内溇水上，控制流域面积 3711 平方千米，占溇水流域面积的 73.5%，总库容 17.41 亿立方米，防洪库容 7.4 亿立方米；皂市水库位于常德市石门县境内渫水下游，控制流域面积 3000 平方千米，占渫水流域面积的 93.7%，总库容 14.39 亿立方米，防洪库容 7.83 亿立方米。江垭和皂市水库建成后，澧水流域遭遇大洪水时，可实施联合调度，拦洪错峰，削减三江口洪峰流量，有效减轻澧水下游及洞庭湖区的防洪压力。

# 八、重要水利规划思路

# 78. 洞庭湖区河湖连通工程的规划思路是什么？

**答：** 洞庭湖区河湖连通工程的规划思路是：加快环湖绿色生态屏障建设，实施沟渠塘坝清淤疏浚，探索建立轮浚机制，逐步恢复洞庭湖水域面积。积极推进洞庭湖区河湖水系连通工程建设，按照“江湖连通、河湖连通、湖湖连通、内外连通”思路，实施洞庭湖北部、东洞庭湖、湘资尾闾、沅南、沅澧和松澧六大片水系连通，增强东、南、西洞庭湖枯水期湖泊的连通性。加快推进城陵矶综合枢纽工程的论证和前期工作，着力对洞庭湖水生态系统进行再修复、再完善、再平衡，构建洞庭湖区生态水网。顺应江湖关系变化趋势，对“四口”水系进行综合整治，内容包括松滋口建闸、“四口”水系河道扩挖、支汊水资源利用、引水补水、河湖连通、堤防加固及护岸等，实现松澧洪水错峰调度，综合解决区域水资源及水生态环境等突出问题。

规划到2035年，形成湖南省洞庭湖区“丰水自流，枯水引流，畅通河湖，保障用水”的连通大格局，确保洞庭湖区“水量有保障、水质有改善、生态单位有连接、结构功能有恢复”，建成在全国有示范效应的大湖区域水系连通模式，构建安澜、幸福河湖。

洞庭湖区河湖水系连通总体方案示意图

# 79. 洞庭湖区建设有哪些灌区？规划建设哪些灌区？

**答：**洞庭湖区是我国重要商品粮基地之一，湖区安乡、澧县、汉寿、湘阴、华容、赫山、沅江、南县等县（市、区）均为湖南省粮食生产重点县。湖南省洞庭湖区共有耕地 950 万亩，灌溉体系由蓄、引、提水源工程与排灌渠系组成。

湖南省洞庭湖区已建成大型灌区 10 处，其中跨山丘区和湖区的黄材、铁山、杜水、澧阳平原、涔水（湖南省和湖北省共有）、青山水轮、黄石、桃花江等 8 处均已纳入国家大型灌区改造专项规划；纯湖区的大型灌区有汉寿县的岩马、西湖 2 处；重点中型灌区 52 处，一般中型灌区 78 处。湖南省洞庭湖区总设计灌溉面积 871.5 万亩，有效灌溉面积 650.7 万亩，其中水田 453.15 万亩，旱地 197.58 万亩。

湖南省洞庭湖区在完成 8 处大型灌区、2 处纯湖区大型灌区、52 处重点中型灌区、78 处一般中型灌区续建配套和节水改造基础上，将根据水土资源条件以堤垸为单位整合现有灌区，构建大中小相结合的湖区灌区格局，即结合湖南省“四口”水系综合整治工程、河湖连通工程前期工作、华洪运河引水，结合沱江与大通湖补水，结合松澧地区、湘资尾闾地区 2 大片区河湖连通工程规划新建大通湖、沅澧、烂泥湖、松澧、钱君、沅南、护城等 7 处大型灌区，完善 11 个重点中型灌区、29 个一般中型灌区和其他小型灌区。

## 80. 洞庭湖水利血防工程建设有哪些内容？

**答：** 血吸虫主要寄生在钉螺上，改变钉螺滋生、传播的环境，达到灭螺防螺的目的是水利血防工程的重点任务。湖南省洞庭湖区水利血防工程主要是结合水利工程建设实施的，包括：硬化护坡、沉螺池、中层取水防螺建筑物、防螺平台、防螺隔离沟、抬洲降滩、开沟沥水和水淹灭螺等措施。

硬化护坡是目前改变钉螺滋生环境的主要措施。沉螺池为沉积和拦截水流中钉螺的建筑物。中层取水防螺建筑物为避开表层和底层有螺水体，从中层无螺水体中取水的建筑物。防螺平台为在堤防两侧按照防螺、灭螺要求兴建的护堤平台。防螺隔离沟是在洲滩区域为防螺、灭螺和防止人畜进入有螺区域而兴建的沟渠。抬洲降滩是为防螺、灭螺而采取的抬高或降低洲滩高程的工程措施。开沟沥水是在洲滩区域为防螺、灭螺而采取的开挖沟渠沥水的工程措施。水淹灭螺措施是在水位可以控制的区域为灭螺而采取的水淹措施。

在水利部长江水利委员会 1997 年编制的《洞庭湖区综合治理近期规划报告》中，水利结合灭螺规划工程项目包括：结合垸内排灌设施维修管理、渠道清淤，治理垸内 4430 条有螺渠道。对于防洪大堤上尚有的 146 座进螺涵闸采取封闸、改闸、治理闸外环境等措施进行改造，达到沿堤进水涵闸无钉螺扩散。对于大堤外脚 100 米宽范围的易感地带，结合大堤加高加固修建顺堤外脚压浸及护堤平台 884 千米，将平台外取土坑修整成平顺规整的隔离沟，形成安全带，并改造 300 千米乱石护坡。对于主行洪道阻水洲滩，将洪道扫障与翻耕相结合，治理易感地带 18 万亩。到目前为止，规划的项目已经部分实施，为洞庭湖区的防螺灭螺发挥了重大作用。

## 81. 三峡工程建成运行后，洞庭湖防洪问题还存在哪些短板？

**答：**三峡工程的建成运行，提高了长江中下游及洞庭湖区的防洪能力，但洞庭湖的防洪功能仍然不可替代，仍是长江中游洪水调蓄的主要场所，防洪形势依然严峻，加上防洪工程体系尚不完善，已成为长江中下游防洪体系的突出短板。

一是堤防防洪能力仍然不足。①堤防设计水位偏低。由于蓄滞洪区建设滞后，不能按计划分蓄洪，遇大洪水时，湖区堤防常常逼高水位、超标准运行。自20世纪90年代，洞庭湖出口城陵矶实际洪水位有6年超过堤防设计水位，湖区其他区域洪水位超堤防设计水位幅度也达0.69~1.97米。②重点垸、一般垸堤防隐患多。11个重点垸1221千米堤防经过“二期治理”后，断面基本达到2级堤防标准，但堤身渗漏、堤坡及穿堤建筑物病险严重；191个一般堤垸1089千米堤防一直以来没有进行系统治理，堤身矮小、填筑质量差，汛期出险频繁。③堤防基础差。3级以上堤防中，有599千米砂基渗漏严重，极易带来重大管涌险情。

二是蓄滞洪区建设滞后。24个蓄洪垸需承担160亿立方米的超额洪量，长江上游干支流水库陆续建成后超额洪量有所减少，但遇1954年洪水，洞庭湖区需要承担的超额洪量仍达116.5亿立方米，重要及一般蓄滞洪区分洪概率仍然很大。但目前具备分蓄洪条件的仅围堤湖等 3 垸，分洪容积 8.81 亿立方米，其余蓄洪垸安全建设设施不完善、区内有 158 万人未迁离蓄洪区域，难以实现有计划分蓄洪。此外，陆城垸、君山垸经济发展迅速，基础设施聚集，基本不具备分蓄洪条件，需调整蓄滞洪区布局。

三是松澧地区超额洪量难以消纳。松澧洪水遭遇概率大，依靠澧水江垭和皂市水库拦洪及澧南、西官等蓄洪垸分洪后，仍有超过 3 亿立方米的超额洪量无法消纳。

四是“四水”防洪水库体系建设有待完善。五强溪水库扩容、宜冲桥水库等项目上马建设难度大。水库防洪库容不足，一定程度上增加了洞庭湖防洪压力。

五是治涝工程尚未达标。“自排、电排、内湖调蓄”相配套的治涝工程仍存在工程病险、达标率低及智能调度程度不高等问题。

# 82. 洞庭湖“四口”水系综合整治工程规划的主要内容是什么？

**答：** 洞庭湖“四口”水系是指长江分流进入洞庭湖的松滋河、虎渡河、藕池河及华容河（调弦口已于 1958 年建闸封堵）干支流水系组成的复杂水网体系，进口均位于湖北省，下游位于湖南省，河道总长度 956 千米，其中湖南省境内 559 千米。“四口”水系分泄长江洪水，为沿岸 460 万城乡居民、575 万亩耕地提供水源，同时也是“四大家鱼”鱼苗由长江进入洞庭湖育肥的通道，对长江水安全的保障作用不可替代。

长期以来，受泥沙淤积、下荆江裁弯和上游建库等影响，“四口”水系河道过流能力减弱，断流时间延长，给防洪、水资源、水生态带来了一系列影响。针对以上问题，拟开展洞庭湖“四口”水系综合整治工程[1]，主要包括如下 4 个方面：

（1）建“1”处闸，错洪水。新建松滋口闸，遇松澧地区发生大洪水时，在不影响荆江防洪安全的前提下，与三峡水库及澧水流域水库联合调度，实现与松澧洪水错峰，以提高松澧地区的防洪能力。遇到如 1998 年、2003 年等澧水流域典型洪水及松澧地区 50 年一遇的

[1] “四口”水系综合整治工程规划设计仍在优化过程中，其主要内容后续可能会有所调整。

洪水，错峰调度后能使松澧地区洪水控制在安全泄量范围内或降低洪峰水位。

（2）改“2”处闸，引江水。重建虎渡河南闸、华容河调弦闸，畅通枯水期江湖连通的关键节点，实现“四口”主要河道常年通流。

（3）建“3”座平原水库，蓄洪尾。控制支汊、强化主干，兴建鲇鱼须、陈家岭、藕池西支3座平原水库，满足枯水期两岸堤垸水资源综合利用需求。

（4）疏“4”条河，畅河水。通过疏挖松滋河、虎渡河、藕池河、华容河，实现外引长江水，维持“四口”水系骨干河道全年通流，提供“四口”水系地区引供水水源，恢复河道生态通道，改善通航条件。

“四口”水系综合整治工程布置图

# 83. 洞庭湖区重要堤防加固一期工程建设的主要内容是什么？

**答：**洞庭湖区重要堤防加固一期工程是指对洞庭湖区 11 个重点垸中的松澧、安造、沅澧、长春、烂泥湖和华容护城 6 个重点垸进行的系统加固治理，6 个重点垸涉及常德、益阳、岳阳、长沙 4 个市的 15 个县（市、区），直接保护益阳、常德 2 个地级市，津市、沅江 2 个县级市以及澧县、安乡县和华容县 3 个县城。一线堤防总长 658.459 千米，总保护面积 3976.34 平方千米，总耕地面积 328.18 万亩，总人口 382.85 万人，工农业总产值 1447.71 亿元。

经过洞庭湖"一期""二期"治理，洞庭湖区一线堤防得以加高培厚，断面基本达到"二期"治理标准，险工险段明显减少，在历年防御洪水中发挥了重要作用。但由于洞庭湖区堤防工程均修筑于砂基等软弱地层之上，洞庭湖"一期""二期"治理期间受资金、施工工艺的制约，治理效果有限，且工程实施周期过长，加之近年洪水水位频超堤防设计洪水位，堤防长期超负荷运行，险情易发多发，堤防薄弱环节十分突出，堤防工程现状还存在不少问题，现状堤防仅为"形象"达标。具体存在的问题有：①部分堤垸堤防断面仍未全部达标；②部分堤段堤坡岸脚冲刷严重，发生崩岸垮坡险情；③部分堤段堤基为深厚淤泥质粉质黏土，承载力较低，易引起堤坡发生深层滑动而

常德市沅江防洪大堤

失稳；④堤身质量差，隐患多，蚁穴危害严重；⑤堤基地质条件差，管涌等渗漏问题突出；⑥部分穿堤建筑物年久失修、破损严重，甚至功能丧失，高洪水位险情隐患大；⑦部分堤顶防汛路面未硬化，部分现有混凝土路面破损严重。

2022 年 9 月，《湖南省洞庭湖区重要垸堤防加固一期工程可行性研究报告》获得国家发展改革委批复；2022 年 9 月 30 日，洞庭湖区重要垸堤防加固一期工程正式开工建设。工程对洞庭湖区松澧、安造、沅澧、长春、烂泥湖和华容护城 6 个重点垸 658 千米一线堤防按照 2 级堤防标准进行全面系统加固，主要建设内容包括堤防加高培厚 33 千米、堤身防渗及隐患处理 316 千米、堤基防渗 287 千米、护坡 87 千米、护脚 134 千米，以及穿堤建筑物重（改）建、加固及拆除 234 处，堤顶防汛道路 460km 等。工程总投资 85 亿元，总工期 45 个月。

# 84. 松滋口建闸对松澧地区防洪有何重大意义？

**答：**松澧地区是指澧水尾闾与松滋河系（湖南省境内）包含的堤垸保护区，西起临澧的新安、新合垸，东至安乡的安造、安保垸。以虎渡河为界，北有涔上、涔下、荆湘垸，南有沅澧大圈的民主阳城垸。区内共有大小堤垸 41 个、防洪大堤 531.3 千米。

松滋口位于“三口”的最上端，是“三口”中分流最大的口门，高洪水位时其分流量约占长江流量的 15%，对洞庭湖尤其是松澧地区洪水的形成有举足轻重的影响。澧水流域山高坡陡、滩多水急、地处著名的大暴雨区，石门历史最大洪峰流量达 30300 立方米每秒。长江洪水主汛期一般为 6—8 月，澧水洪水主汛期一般为 5—7 月，澧水与长江三峡、清江处于同一暴雨区，相互遭遇的概率很大，若二水相互遭遇，松澧地区极易形成严重的洪灾。1931 年、1935 年、1954 年、1998 年和 2003 年松澧地区都发生了大洪水。

澧水支流溇水、渫水上已分别建成江垭水库、皂市水库，洪水经水库调节，澧水尾闾、松澧地区洪水位均有不同程度的降低。一般年份通过江垭和皂市水库的调蓄，可将澧水石门站洪峰流量降至安全泄量 12000 立方米每秒以下，有效缓解了该地区的防洪压力。但对于类似 1998 年和 2003 年这样的大洪水（洪峰流量 20000 立方米每秒左右），仅靠江垭和皂市水库还不能保障澧水下游的防洪安全。如遇1998年洪水，经水库调节后，澧水石门水文站最大日平均流量仍达15400立方米每秒，加上松滋河的流量，合成流量在20000立方米每秒左右，而这一地区的安全泄量仅15000立方米每秒，远不能满足防洪安全的需要。因此，在松滋口建闸控制长江洪水源，相机实施长江来水与澧水洪水错峰，削减入湖洪峰流量，是保障松澧地区防洪安全的必要措施。

根据水动力学模型的模拟计算，松滋闸具有较好的防洪效益。1998年大洪水若有松滋闸错峰调度，可平均降低洪峰流量3000立方米每秒，降低洪水位0.73米；2003年洪水若有松滋闸错峰调度，可降低洪峰流量5100立方米每秒左右，降低洪水位0.68米。

# 85. 松滋口建闸运行对荆江防洪影响大吗？

**答：** 松滋口建闸设定的调度方式为错峰不控洪，枯季和一般性洪水闸门不启用，河道保持天然的开放状态，只有当松滋河来水与澧水来水流量之和大于松澧地区河道的安全泄量 15000 立方米每秒时，才启用闸门，进行错峰调度，保证松澧地区的防洪安全。经计算分析，其运用概率约为 10 年一遇，每次运用时间为 1~3 天。

选用主要典型年 1954 年、1998 年和 2003 年大水，利用水动力学模型模拟分析松滋闸对荆江防洪的影响，在不考虑三峡水库联合调度情况下，3 个典型年对荆江防洪的影响为：①遇 1954 年洪水，运用松滋闸错峰调度，沙市站流量增加约 1000 立方米每秒，抬高沙市水位 0.11 米，抬高后荆江河段防洪控制站沙市站水位为 43.00 米，仅达到该站警戒水位；②遇 1998 年洪水，运用松滋闸错峰调度，沙市站流量增加约 4700 立方米每秒，沙市水位最大抬高 0.71 米，抬高后沙市站最高水位为 43.59 米，比 100 年一遇洪水控制水位 44.50 低 0.91 米；③遇 2003 年洪水，运用松滋闸错峰调度，沙市站流量增加约 4800 立方米每秒，沙市站水位最大抬高 0.62 米，抬高后沙市站最高水位 42.60 米，比该站警戒水位低 0.40 米。

典型年模型计算分析表明，松滋口建闸错峰调度对荆江河段水位虽有一定的抬高，但抬高后各典型年调度期沙市站最高水位有 2 年不超过警戒水位，有 1 年超过警戒水位但仍比 100 年一遇洪水防洪控制水位 44.5 低 0.91 米。因此，松滋闸的运行对长江干流防洪影响较小，不会增加荆江河段的防洪压力。

为了消除松滋闸对荆江水位抬高的影响，可考虑松滋闸和三峡水库联合调度运行，即松滋闸运行增加荆江多大流量，三峡水库便减小同等的泄量以平衡松滋闸对荆江防洪的影响。在考虑松滋闸与三峡水库联合调度后，荆江河段的防洪基本不受影响。

## 86. 洞庭湖出口城陵矶综合枢纽建设有何意义？

**答：**受全球气候变化、人类活动和三峡工程及上游控制性水利枢纽的建设与运行等多因素影响，长江中下游江湖关系近年来发生了显著变化，主要表现为：荆江河道冲刷，“三口”分流分沙量减少，湖区9—10月水位消落过快、枯水期提前等。未来，随着长江上游干支流控制性水利枢纽的陆续建成和运行，江湖关系演变将进一步加剧，实际上长江中下游江湖关系已发生显著的趋势性变化。江湖关系演变导致洞庭湖水文水动力条件的改变，给洞庭湖区水安全带来重大影响：滨湖区季节性缺水问题日益突出、湿地生态质量下降、水生动物生活空间受到挤压、水质不断恶化、湖区通航受阻等。城陵矶综合枢纽建设的主要目的是稳定并改善江湖关系、缓解江湖关系演变带来的不利影响，修复水域生态、提高资源和生态环境承载力。

城陵矶综合枢纽遵循“调枯畅洪、江湖两利、生态优先、综合利用”原则。城陵矶综合枢纽初步选址位于洞庭湖出口七里山附近、岳阳市洞庭湖大桥下游 1.1 千米处。初步拟定的水位控制方案为：枢纽工程在 4—8 月闸门全开敞泄、9 月上旬相机下闸蓄水，最高蓄水位 27.50 米（1985 国家高程基准，下同）；10 月末控制蓄水位 24.00 米，12 月至次年 3 月控制蓄水位 22.00~23.00 米。

城陵矶综合枢纽建设对洞庭湖区水资源利用、生态环境改善及江湖关系稳定等具有重要意义。通过枢纽工程的合理调控，大多数年份的 9—10 月，湖区旬平均水位可达到三峡工程运行前的 1999—2002 年同期平均值，可改善东、南洞庭湖滨湖区 100 多万亩耕地、125 个乡镇、110 万人口的供水条件；可营造湿地生态系统健康所需的水文节律、维持天然情况下枯水期候鸟所需的湿地生态生境；可为鱼类和江豚的生长繁殖提供更广阔的空间；可增加水环境容量、改善湖区水质；可渠化湖区航道里程约 362 千米，250 千米的航道等级可以得到提升。同时，枢纽工程具备向下游应急补水的潜力，正常来水年份，三峡水库蓄水期城陵矶综合枢纽可向下游补水约 47 亿立方米，可缓解三峡水库及长江上游水库蓄水对中下游的影响。

# 九、生态环境、自然保护地、历史文化等

# 87. 洞庭湖的水质状况是怎样的？主要污染因子有哪些？

**答：** 洞庭湖作为一个承接湘江、资水、沅江、澧水“四水”和吞吐长江的河道型通江湖泊，湖水交换快，对生态环境和水质的改善意义重大，入湖的溶解性物质很难在湖泊中滞留或积累。湖水矿化度南咀最高（276.76mg/L），万子湖最低（145.19mg/L），全湖平均约 176.89mg/L，属淡水湖。与我国五大淡水湖的其他湖泊相比，洞庭湖的湖水矿化度平均值仅次于洪泽湖（208.01mg/L），而高于太湖（172.65mg/L）、巢湖（72.44mg/L）和鄱阳湖（47.63mg/L），最高值也仅次于洪泽湖（280.00mg/L），但最低值居五大淡水湖之首。

洞庭湖水体主要离子组成：阳离子以 $Ca^{2+}$ 为主，占阳离子总量的 58.15%，其次是 $Na^{+}$、$Mg^{2+}$ 和 $K^{+}$；阴离子以 $HCO_3^{-}$ 为主，占阴离子总量的 84.93%，其次是 $SO_4^{2-}$、$Cl^{-}$ 和 $CO_3^{2-}$。离子含量的排序为：$Ca^{2+} > Na^{+} > Mg^{2+} > K^{+}$，$HCO_3^{-} > SO_4^{2-} > Cl^{-} > CO_3^{2-}$。根据阿列金分类法，洞庭湖湖水的水型属重碳酸钙组Ⅰ型。

洞庭湖湖水总硬度为 3.02~11.33 德国度，全湖平均为 6.12 德国度，最大值出现在陆家渡。由于入湖径流，特别是“四口”分流的泥沙含量较高，进入湖区后，水流减缓，颗粒性物质沉降，致使湖水总硬度的空间分布具有上下游高、中间低，湖汊高、开敞湖区低的特点。

湖水 pH 为 7.00~8.68，全湖平均为 7.54，呈弱碱性，最大值出现在横岭湖，最小值出现在大鲸港。空间上分布较为均匀，横岭湖稍高，为 7.82，万子湖稍低，为 7.41。

2021 年，湖南省河湖水质监测中心在洞庭湖区共布设 23 个监测断面，主要分布于洞庭湖的入、出河湖口和东、西、南洞庭湖区。每月监测项目包括 pH、溶解氧、高锰酸盐指数、化学需氧量、五日生化需氧量、氨氮、总磷、铜、锌、氟化物、硒、铬（六价）、汞、砷、镉、铅、挥发酚、氰化物、石油类、阴离子表面活性剂、硫化物、水温、总氮、透明度、叶绿素等。水温、总氮、透明度、叶绿素不参与水质类别评价。营养状态评价指标为叶绿素 a、总磷、总氮、高锰酸盐指数和透明度。

洞庭湖 2021 年水质现状评价结果：根据 2021 年度 23 个点位水质监测结果，洞庭湖水质为Ⅳ类（总氮不参与评价），水质达标率为 52.2%。Ⅱ类水断面共 9 个，占比 39.2%；Ⅲ类水断面共 3 个，占比 13.0%。Ⅳ类水断面共 10 个，占比 43.5%，劣Ⅴ类水断面 1 个，为大通湖，占比 4.3%，超标污染物为总磷。洞庭湖 2021 年营养状态指数均值为 54.1，营养状态评价为轻度富营养。监测断面中 7 个为中度富营养，占比 30.4%；13 个为轻度富营养，占比 56.5%；南县、大通湖、荷叶湖 3 个监测断面为中度富营养，占比 13.1%。

## 88. 洞庭湖作为候鸟越冬优良栖息地的原因是什么？

**答：**洞庭湖位于世界八条重要的候鸟迁徙路线之一东北亚迁徙路线上，既是珍稀水生生物及资源性鱼类的繁衍地和活动场，也是具有世界意义珍稀迁徙性鸟类的越冬场和栖息地。洞庭湖作为候鸟越冬优良栖息地的原因有：一是气温适宜；二是食物丰足；三是水质适合；四是位置适中；五是人为保护。

（1）气温适宜。洞庭湖属于亚热带湿润性季风型气候，冬季很少出现霜冻，气温最低也不超过 -5℃，相比北方地区，鸟类来洞庭湖过冬是比较好的选择。

（2）食物丰足。在冬季，由于是枯水期，水落滩出，使茂盛的水草、鱼、虾、螺、蚌等动植物外露，为候鸟提供了丰富的越冬食物。

（3）水质适合。洞庭湖是我国总体水质较优的大湖，且经过近年的综合治理，洞庭湖总体水生态环境质量显著提升，为冬候鸟的生息提供了优良的生态环境。

（4）位置适中。洞庭湖地处南北的中心地段，便于冬候鸟向南或向北迁徙。

（5）人为保护。湖南省及沿湖各市、县政府以及当地群众生态保护意识强，加上洞庭湖地域宽广，冬候鸟很少受到干扰，许多迁徙候鸟在沿湖四处搭建巢穴，由“候鸟”成为“留鸟”。

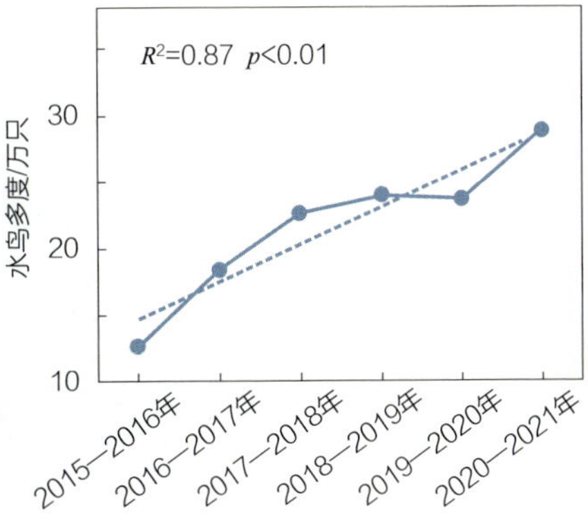

近年洞庭湖区水鸟数量变化图

近年来国家在长江流域大力整治污染，全面加强长江生态环境保护。经过各方努力，洞庭湖湿地生态环境得到一定程度恢复，候鸟种类和数量也越来越多，每当冬季都有大批候鸟来到洞庭湖区越冬栖息。随着未来城陵矶枢纽等一些改善生态工程的建设，洞庭湖湿地生态环境必将进一步得到改善，洞庭湖将成为越冬候鸟和其他野生动植物的优良栖息地。

百鸟飞翔（东洞庭湖）

# 89. 洞庭湖采砂规划编制原则是什么？如何划定禁采区、禁采期？

**答：** 洞庭湖采砂规划由省人民政府水行政主管部门商同级自然资源、交通运输、生态环境、农业农村、林业等主管部门编制，报省人民政府批准。河道采砂规划编制的原则为：依据国土空间总体规划制定，符合保障河道防洪、供水、通航安全和保护生态环境要求，并与防洪、航运、生态环境保护规划等相关规划相衔接，科学合理划定禁采区、可采区和保留区，确定禁采期、可采时段，明确规划期控制总开采量、开采范围、开采控制高程、采砂设备功率、砂石码头布局、环境影响等要求。

洞庭湖砂石资源大部分位于自然保护区内，为确保生态、防洪、通航和基础设施安全，规定生态保护红线、涉水工程安全保护范围、堤防险工险段，以及危害水利工程和航道通航安全的区域为禁采区；河道达到或者超过警戒水位时期以及法律法规规定禁止采砂的时段为禁采期。

## 90. 怎样获得洞庭湖采砂许可？洞庭湖非法采砂最低罚款金额是多少？疏浚砂石在什么情况下可以利用？

**答：**河道砂石资源属于国家所有，任何组织或者个人不得非法开采。根据《湖南省河道采砂管理条例》的规定，目前获得采砂许可的方式主要有两种。一是出让河道砂石开采权。在采砂规划批准后，县级水行政主管部门应组织开展相关专题论证，制定年度采砂实施方案，经同级人民政府同意后，报设区的市（州）水行政主管部门批准。二是为减少传统招拍挂出让方式可能造成的恶性竞争、哄抬价格伺机超量超范围开采的不理性行为，规定除公开出让方式以外，县级人民政府可以根据生态环境保护的需要决定对本行政区域内的河道砂石资源依法实行统一开采管理。

申请河道采砂许可应当提供以下资料：①河道采砂许可申请；②营业执照；③采砂船舶（机具）证书、采砂技术人员的基本情况；④砂石堆放地点和弃料处理方案；⑤船舶油污、生活废弃物的处理方案；⑥河道及航道清理、修复方案；⑦水生生物避让及水生态修复方案；⑧法律法规规定的其他有关资料。

在洞庭湖非法采砂最低罚款金额是 20 万元。《湖南省河道采砂管理条例》第三十八条规定“违反本条例第十一条、第十二条、第十六条规定，在禁采区、禁采期采砂，或者未办理河道采砂许可证采砂的，由县级以上人民政府水行政主管部门责令停止违法行为，没收违法所得和用于违法活动的采砂船舶（机具），并处货值金额两倍以上二十倍以下罚款；货值金额不足十万元的，并处二十万元以上二百万元以下罚款；构成犯罪的，依法追究刑事责任。”

湖南省内需要综合利用的疏浚砂应满足两个条件：一是项目本身应按照基建程序要求办理立项和相关专项报批手续，并依法取得相关批复；二是项目所产生需要上岸综合利用的疏浚砂应由县级以上人民政府处置，省管及市管河湖由项目所在市（州）人民政府处置，其他河湖由项目所在县（市、区）人民政府处置。疏浚砂综合利用应优先保障防汛砂石储备、重点项目建设和民生工程，不得由企业和个人自行销售。

## 91. 什么是防护林？为保护洞庭湖的堤防，洞庭湖区防护林营造和管理有哪些规定？

**答：**防护林是种植于堤防临水侧防护林区，用于防浪护堤和抢险取材的专用林，是堤防工程的重要组成部分和抵御洪水的一道有效防线，也是该地区的绿色生态屏障。防护林不仅有显著的防浪护堤作用，而且还能用于抗洪抢险，是长期以来行之有效的堤防保护措施。根据《湖南省洞庭湖区水利管理条例》的规定，堤防管理范围和距堤脚 500 米以内的湖洲、与堤脚相连 100 米以内的河滩属防护林区。洞庭湖区防护林由洞庭湖区水利工程管理机构组织营造和管理，任何单位和个人不得侵占、破坏、任意砍伐。

# 92. 洞庭湖区有哪些国家级、省级自然保护区？

**答：**洞庭湖地处中北亚热带湿润气候区，四季分明，热量丰富，降水充沛，无霜期长。洞庭湖是国际重要湿地和珍稀候鸟栖息地，是水生生物栖息繁衍的重要场地，是我国生物多样性最为丰富的区域之一。湖南省洞庭湖区分布有东洞庭湖、西洞庭湖 2 个国家级自然保护区，横岭湖、南洞庭湖湿地水禽、集成麋鹿等省级自然保护区，以及东洞庭湖、西洞庭湖、南洞庭湖 3 个国际重要湿地。洞庭湖区生物资源丰富，有国家一级、二级保护野生植物 30 多种，国家一级保护野生动物 13 种，二级保护野生动物 35 种，是国家重点保护野生动物江豚和麋鹿的栖息地。主要保护区情况如下：

东洞庭湖国家级自然保护区：位于湖南省岳阳市境内，面积 19.03 万公顷，于 1984 年建立省级自然保护区，1992 年被列入“世界重要湿地名录”，1994 年晋升为国家级自然保护区，主要保护对象为湿地和珍稀鸟类。

西洞庭湖国家级自然保护区：位于湖南省汉寿县境内，2014 年 1 月汉寿西洞庭湖自然保护区获批国家级自然保护区。保护区总面积 30034 公顷，其中核心区面积 9061 公顷，缓冲区面积 6155 公顷，实验区面积 14818 公顷。

南洞庭湖省级自然保护区：位于洞庭湖南部，是整个洞庭湖湿地的重要组成部分；面积 16.8 万公顷，主要保护对象为湿地水禽。

横岭湖省级自然保护区：位于湘阴县北部、洞庭湖最南端，是洞庭湖的重要组成部分。由 24 个常年性湖泊和三大片季节性洲土连接而成，丰水季节与东洞庭湖国家级自然保护区、南洞庭湖省级自然保护区连成一片。横岭湖省级自然保护区总面积 2.8 万公顷，分为核心区、缓冲区和实验区。其中核心区面积 3400 公顷，缓冲区面积 19600 公顷，实验区面积 5000 公顷。

东洞庭湖国家级自然保护区

# 93. 洞庭湖区有哪些风景名胜区？

**答：**风景名胜区是指具有观赏、文化或者科学价值，自然景观、人文景观比较集中，环境优美，可供人们游览或者进行科学、文化活动的区域。目前湖南省有 71 处风景名胜区，其中 22 处国家级风景名胜区，49 处省级风景名胜区。洞庭湖区有 15 处风景名胜区（4 处国家级风景名胜区，11 处省级风景名胜区），详细信息见下表。

| 序号 | 市 | 县（市、区） | 景区名称 | 景区等级 |
| --- | --- | --- | --- | --- |
| 1 | 长沙市 | 岳麓区 | 岳麓山风景名胜区 | 国家级 |
| 2 | 长沙市 | 宁乡市 | 花明楼风景名胜区 | 省级 |
| 3 | 长沙市 | 宁乡市 | 沩山风景名胜区 | 国家级 |
| 4 | 长沙市 | 长沙县 | 影珠山风景名胜区 | 省级 |
| 5 | 株洲市 | 株洲市 | 仙庾岭风景名胜区 | 省级 |
| 6 | 株洲市 | 渌口区 | 大京风景名胜区 | 省级 |
| 7 | 岳阳市 | 岳阳市 | 岳阳楼洞庭湖风景名胜区 | 国家级 |
| 8 | 岳阳市 | 临湘市 | 龙窖山风景名胜区 | 省级 |
| 9 | 岳阳市 | 岳阳县 | 张谷英风景名胜区 | 省级 |
| 10 | 岳阳市 | 汨罗市 | 玉池山风景名胜区 | 省级 |
| 11 | 常德市 | 桃源县 | 桃花源风景名胜区 | 国家级 |
| 12 | 常德市 | 津市市 | 嘉山风景名胜区 | 省级 |

续表

| 序号 | 市 | 县（市、区） | 景区名称 | 景区等级 |
|---|---|---|---|---|
| 13 | 常德市 | 临澧县 | 太浮山风景名胜区 | 省级 |
| 14 | 益阳市 | 桃江县 | 桃花江风景名胜区 | 省级 |
| 15 | 益阳市 | 沅江市 | 南洞庭湖风景名胜区 | 省级 |

# 94. 洞庭湖区有哪些水利风景区？

**答：** 水利风景区是指以水域（水体）或水利工程为依托，具有一定规模和质量的风景资源与环境条件，可以开展观光、娱乐、休闲、度假或科学、文化、教育活动的区域。

湖南省水利风景区建设管理起步于 2002 年，截至 2022 年，全省已有 95 处水利风景区，其中 43 处国家级水利风景区，52 处省级水利风景区，分布在 14 个市州，涵盖江河湖库、重点灌区和水土流失治理区等类型，逐步形成了县域有水景、市域有精品的发展格局。

洞庭湖区有 24 处水利风景区（12 处国家级水利风景区、12 处省级水利风景区），详细信息见下表。

| 序号 | 市 | 县（市、区） | 景区名称 | 景区等级 | 景区类型 | 依托的水利工程或水域 |
|---|---|---|---|---|---|---|
| 1 | 长沙市 | 开福区 | 湘江风光带水利风景区 | 国家级 | 城市河湖型 | 湘江东岸堤防工程（长沙段） |
| 2 | 长沙市 | 望城区 | 千龙湖水利风景区 | 国家级 | 水库型 | 格塘水库 |
| 3 | 长沙市 | 宁乡市 | 黄材水库水利风景区 | 国家级 | 水库型 | 黄材水库 |
| 4 | 长沙市 | 望城区 | 半岛水利风景区 | 国家级 | 城市河湖型 | 沩水及望城区城市防洪工程 |
| 5 | 长沙市 | 湘江新区 | 洋湖湿地水利风景区 | 国家级 | 湿地型 | 湘江、靳江河、洋湖再生水厂、龙骨寺泵站等 |

续表

| 序号 | 市 | 县（市、区） | 景区名称 | 景区等级 | 景区类型 | 依托的水利工程或水域 |
|---|---|---|---|---|---|---|
| 6 | 株洲市 | 株洲市 | 湘江风光带水利风景区 | 国家级 | 城市河湖型 | 湘江城市防洪工程 |
| 7 | 株洲市 | 天元区 | 万丰湖水利风景区 | 国家级 | 城市河湖型 | 株洲河湖连通生态水系景观工程 |
| 8 | 湘潭市 | 湘潭县 | 白石紫荆湖水利风景区 | 省级 | 水库型 | 紫荆山水库 |
| 9 | 湘潭市 | 湘潭县 | 四美湖水利风景区 | 省级 | 水库型 | 上石坝水库 |
| 10 | 岳阳市 | 湘阴县 | 燎原水库水利风景区 | 省级 | 水库型 | 燎原水库 |
| 11 | 岳阳市 | 华容县 | 华一水库水利风景区 | 省级 | 水库型 | 华一水库 |
| 12 | 岳阳市 | 临湘市 | 黄盖湖水利风景区 | 省级 | 自然河湖型 | 黄盖湖 |
| 13 | 常德市 | 澧县 | 王家厂水库水利风景区 | 国家级 | 水库型 | 王家厂水库 |
| 14 | 常德市 | 常德市 | 柳叶湖水利风景区 | 国家级 | 城市河湖型 | 柳叶湖和南昏、马家吉泵站 |
| 15 | 常德市 | 汉寿县 | 清水湖水利风景区 | 国家级 | 水库型 | 清水坝水库 |
| 16 | 常德市 | 鼎城区 | 花岩溪水利风景区 | 省级 | 水库型 | 五溪水库、超美水库 |
| 17 | 常德市 | 桃源县 | 王家湾水利风景区 | 省级 | 水库型 | 王家湾水库 |
| 18 | 益阳市 | 赫山区 | 鱼形山水利风景区 | 国家级 | 水库型 | 鱼形山水库 |
| 19 | 益阳市 | 资阳区 | 皇家湖水利风景区 | 国家级 | 城市河湖型 | 黄家湖泵站 |
| 20 | 益阳市 | 赫山区 | 梓山湖水利风景区 | 省级 | 水库型 | 梓山村水库 |
| 21 | 益阳市 | 资阳区 | 明石谷生态园水利风景区 | 省级 | 水库型 | 石牛潭水库 |
| 22 | 益阳市 | 桃江县 | 桃花湖水利风景区 | 省级 | 水库型 | 桃花江水库 |
| 23 | 益阳市 | 桃江县 | 克上冲水库水利风景区 | 省级 | 水库型 | 克上冲水库 |
| 24 | 益阳市 | 沅江市 | 胭脂湖水利风景区 | 省级 | 水库型 | 胭包山水库 |

柳叶湖水利风景区

## 95. 洞庭湖区有哪些水产种质资源保护区？

**答：** 截至 2022 年，湖南省洞庭湖区有国家级水产种质资源保护区 14 个，即东洞庭湖鲤鲫黄颡国家级水产种质资源保护区、东洞庭湖中国圆田螺国家级水产种质资源保护区、南洞庭湖银鱼三角帆蚌国家级水产种质资源保护区、南洞庭湖大口鲶青虾中华鳖国家级水产种质资源保护区、南洞庭湖草龟中华鳖国家级水产种质资源保护区、洞庭湖口铜鱼短颌鲚国家级水产种质资源保护区、安乡杨家河段短河鲚国家级水产种质资源保护区、虎渡河安乡段翘嘴鲌国家级水产种质资源保护区、澧水洪道熊家河段大口鲇国家级水产种质资源保护区、汨罗江河口段鲶国家级水产种质资源保护区、沅水武陵段青虾中华鳖国家级水产种质资源保护区、沅水桃源段黄颡鱼黄尾鲴国家级水产种质资源保护区、沅水鼎城段褶纹冠蚌国家级水产种质资源保护区、资水益阳段黄颡鱼国家级水产种质资源保护区。洞庭湖区国家级水产种质资源保护区基本情况见下表。

洞庭湖区国家级水产种质资源保护区基本情况

| 序号 | 名称 | 所属水系 | 所属行政区域 | 面积/公顷 | 保护对象 |
|---|---|---|---|---|---|
| 1 | 东洞庭湖鲤鲫黄颡国家级水产种质资源保护区 | 洞庭湖 | 岳阳市 | 132800 | 鲤、鲫、黄颡、鲶等定居性经济鱼类 |
| 2 | 东洞庭湖中国圆田螺国家级水产种质资源保护区 | 洞庭湖 | 华容县 | 16902 | 中国圆田螺、三角帆蚌、无齿蚌、褶文冠蚌、背瘤丽蚌等软体动物 |
| 3 | 南洞庭湖银鱼三角帆蚌国家级水产种质资源保护区 | 洞庭湖 | 益阳市 | 38653 | 银鱼、三角帆蚌 |
| 4 | 南洞庭湖大口鲶青虾中华鳖国家级水产种质资源保护区 | 洞庭湖 | 湘阴县 | 43000 | 大口鲶、青虾、中华鳖 |
| 5 | 南洞庭湖草龟中华鳖国家级水产种质资源保护区 | 洞庭湖 | 南县 | 6100 | 草龟、中华鳖等 |
| 6 | 洞庭湖口铜鱼短颌鲚国家级水产种质资源保护区 | 洞庭湖 | 岳阳市 | 2100 | 铜鱼、短颌鲚 |
| 7 | 安乡杨家河段短河鲚国家级水产种质资源保护区 | 洞庭湖 | 安乡县 | 995 | 短颌鲚等 |
| 8 | 虎渡河安乡段翘嘴鲌国家级水产种质资源保护区 | 洞庭湖 | 安乡县 | 2450 | 翘嘴鲌等 |
| 9 | 澧水洪道熊家河段大口鲇国家级水产种质资源保护区 | 洞庭湖 | 安乡县 | 2620 | 大口鲇 |

续表

| 序号 | 名称 | 所属水系 | 所属行政区域 | 面积/公顷 | 保护对象 |
|---|---|---|---|---|---|
| 10 | 汨罗江河口段鲶国家级水产种质资源保护区 | 洞庭湖 | 汨罗市 | 5400 | 鲶 |
| 11 | 沅水武陵段青虾中华鳖国家级水产种质资源保护区 | 沅江 | 武陵区 | 1250 | 青虾、中华鳖等 |
| 12 | 沅水桃源段黄颡鱼黄尾鲴国家级水产种质资源保护区 | 沅江 | 桃源县 | 2140 | 黄颡鱼、黄尾鲴等 |
| 13 | 沅水鼎城段褶纹冠蚌国家级水产种质资源保护区 | 沅江 | 鼎城区 | 1413 | 褶纹冠蚌等蚌类 |
| 14 | 资水益阳段黄颡鱼国家级水产种质资源保护区 | 资水 | 益阳市 | 2368 | 黄颡鱼、鳜等 |

## 96. 洞庭湖生态经济区涵盖哪些范围？规划的主要目标是什么？

**答：**2014 年 4 月，国务院批复《洞庭湖生态经济区规划》。为适应新发展形势，贯彻新发展理念，构建新发展格局，立足江湖关系新变化和江湖协同治理新要求，全面融入推动长江经济带发展战略，推动洞庭湖生态经济区高质量发展，2021 年湖南省、湖北省发展和改革委员会组织编制了《新时代洞庭湖生态经济区规划》，2023 年获国务院批复。

洞庭湖生态经济区包括湖南省岳阳市、常德市、益阳市、长沙市望城区和湖北省荆州市，共 33 个县（市、区），规划面积 6.05 万平方千米，2020 年年末常住人口 2030 万，地区生产总值 12830 亿元。

规划到 2025 年，努力实现以下主要目标：一是生态更安全。生态保护红线全面划定，国土空间开发与保护格局得到优化，污染物排放总量得到有效控制，国控断面水质优良比例、森林覆盖率、水生生物完整性指数稳步提升，生态环境质量持续改善，生态修复面积稳定提升，生态安全格局逐步稳固。二是经济更绿色。粮食综合生产能力明显增强，农业基础地位更加巩固；产业基础高级化、产业链现代化水平明显提高，生态产业化、产业生态化加快推进；生产性服务业快速发展，旅游业成为支柱产业；节能低碳技术广泛应用，循环经济加快发展，产业园区集聚度和专业化水平明显提高。三是民生更和谐。坚持共同富裕方向，“健康洞庭”深入推进，社会保障全面覆盖，国民教育均衡发展，劳动就业更加充分，公共文化更加繁荣，脱贫攻坚成果巩固拓展，乡村振兴战略全面推进，社会治理更加高效，基本公共服务实现均等化。

展望 2035 年，洞庭湖生态经济区生态环境根本好转，绿色生产生活方式基本形成，碳达峰后稳中有降，美丽洞庭建设目标基本实现，湖区人民生活更加美好，人的全面发展、人民共同富裕取得更为明显的实质性进展。

洞庭湖水鸟

# 97. 环洞庭湖区域主要的文物古迹有哪些？

**答：** 环洞庭湖区域包括湖南省岳阳市、常德市、益阳市及长沙市望城区（简称“三市一区”）。区内文物古迹众多，包括国家考古遗址公园 2 处、全国重点文物保护单位 20 处。

（1）国家考古遗址公园：铜官窑、汉长沙国王陵。

（2）全国重点文物保护单位：岳阳楼、岳阳文庙、任弼时故居、屈子祠（含屈原墓）、平江起义旧址、张谷英明清古建筑群、慈氏塔、大矶头、杜甫墓与杜文贞公祠、龙窖山遗址、湘阴文庙、左文襄公祠、铜鼓山遗址、铁经幢、城头山古城址、彭头山遗址、八十垱遗址、余家牌坊、桃花源古建筑群、铜官窑遗址。

此外还有湘妃祠、柳毅井及传书亭、凌云塔、文星塔等一批省市级文物保护单位。

# 98. 历史上与洞庭湖相关的典型古诗文主要有哪些？

**答：**洞庭湖历史悠久，与洞庭湖有关的诗文很多，早在战国时代就有屈原的《九歌·湘夫人》，唐代是我国诗歌发展的顶峰，留下很多描写洞庭湖的名篇，到宋代更有范仲淹的《岳阳楼记》，其名句“先天下之忧而忧，后天下之乐而乐”流传千古。

（1）屈原〔战国·楚〕《九歌·湘夫人》（节选）：

帝子降兮北渚，目眇眇兮愁予。

袅袅兮秋风，洞庭波兮木叶下。

（2）孟浩然〔唐〕《望洞庭湖赠张丞相》：

八月湖水平，涵虚混太清。

气蒸云梦泽，波撼岳阳城。

欲济无舟楫，端居耻圣明。

坐观垂钓者，徒有羡鱼情。

（3）刘禹锡〔唐〕《望洞庭》：

湖光秋月两相和，潭面无风镜未磨。

遥望洞庭山水翠，白银盘里一青螺。

（4）李白〔唐〕《游洞庭五首·其一》：

洞庭西望楚江分，水尽南天不见云。

日落长沙秋色远，不知何处吊湘君。

（5）李白〔唐〕《游洞庭五首·其二》：

南湖秋水夜无烟，耐可乘流直上天。

且就洞庭赊月色，将船买酒白云边。

（6）杜甫〔唐〕《登岳阳楼》：

昔闻洞庭水，今上岳阳楼。

吴楚东南坼，乾坤日夜浮。

亲朋无一字，老病有孤舟。

戎马关山北，凭轩涕泗流。

（7）可朋〔五代〕《赋洞庭》：

周极八百里，凝眸望则劳。

水涵天影阔，山拔地形高。

贾客停非久，渔翁转几遭。

飒然风起处，又是鼓波涛。

（8）姜夔〔宋〕《昔游诗》：

洞庭八百里，玉盘盛水银。

长虹忽照影，大哉五色轮。

我舟渡其中，晃晃惊我神。

朝发黄陵祠，暮至赤沙曲。

借问此何处，沧湾三十六。

青芦望不尽，明月耿如烛。

湾湾无人家，只就芦边宿。

（9）范仲淹〔宋〕《岳阳楼记》（节选）：

予观夫巴陵胜状，在洞庭一湖。衔远山，吞长江，浩浩汤汤，横无际涯，朝晖夕阴，气象万千，此则岳阳楼之大观也，前人之述备矣。然则北通巫峡，南极潇湘，迁客骚人，多会于此，览物之情，得无异乎？

（10）唐珙〔元〕《题龙阳县青草湖》：

西风吹老洞庭波，一夜湘君白发多。

醉后不知天在水，满船清梦压星河。

## 99. 洞庭湖水利管理机构的历史沿革是怎样的？

**答：**洞庭湖水利管理机构成立于国民政府晚期，1946 年 11 月，扬子江水利委员会（1947 年 7 月更名为长江水利工程总局）下设洞庭湖工程处。1949 年 8 月长沙解放后，长沙市军事管制委员会接管长江水利工程总局洞庭湖工程处等 11 个水利单位，1949 年 11 月，湖南省临时政府决定将前述接管单位合并组成湖南省农林厅水利局，下设洞庭组、江堤组等，负责洞庭湖区水利建设和管理工作。1950 年 10 月，长江水利委员会（1950 年 2 月成立）接管洞庭湖建设管理机构，成立洞庭湖工程处。1956 年 3 月，长江水利委员会撤销洞庭湖工程处，相关人员调至湖南省水利厅。1956—1979 年，湖南省水利厅没有设置专门的洞庭湖管理机构，洞庭湖水利建设管理工作包含在相关处室中。1980 年 3 月，湖南省水利厅设立洞庭湖工程处，1983 年 4 月更名为洞庭湖水利工程局，1984 年 12 月撤销洞庭湖水利工程局，其职责分别纳入水利工程管理局、基本建设局。1986 年 3 月，恢复洞庭湖水利工程处设置。1988 年 10 月更名为湖南省洞庭湖水利工程局。1997 年更名为湖南省洞庭湖水利工程管理局，升格为副厅级事业单位，2006 年明确为参公管理事业单位。2019 年 3 月，更名为湖南省洞庭湖水利事务中心，作为省水利厅管理的副厅级公益一类事业单位，内设综合部、研究部、生态河湖部、保护利用部、工程事务部，2021 年 1 月明确为参公管理事业单位。

# 100. 洞庭湖保护相关的涉水法律法规主要有哪些？

**答：**《中华人民共和国水法》及《湖南省实施〈中华人民共和国水法〉办法》、《中华人民共和国防洪法》及《湖南省实施〈中华人民共和国防洪法〉办法》、《中华人民共和国河道管理条例》及《湖南省实施〈中华人民共和国河道管理条例〉办法》、《湖南省水利工程管理条例》《湖南省河道采砂管理条例》等多部法规对水资源规划与开发利用，水资源、水域和水工程的保护，水资源的配置和节约使用，水事纠纷处理及监督检查，防洪规划，治理与保护，防洪区和防洪设施的管理，防汛抗旱，河道整治与建设，河道保护，河道清障，水利工程的管理，采砂管理等作了规定，均与洞庭湖保护有关。

1991 年 7 月 31 日，湖南省人民政府发布的《湖南省洞庭湖蓄洪区安全与建设管理办法》对蓄滞洪区的安全与建设管理作了规定；2000 年 5 月 23 日，国务院第 28 次常务会议通过的《蓄滞洪区运用补偿暂行办法》对蓄滞洪区运用补偿作了规定；2009 年 11 月 27 日，经湖南省第十一届人民代表大会常务委员会第十一次会议通过的《湖南省洞庭湖区水利管理条例》对水资源利用与保护、水工程管理等作了规定；2020 年 12 月 26 日，第十三届全国人民代表大会常务委员会第二十四次会议通过的《中华人民共和国长江保护法》对岸线管控、采砂、生态修复等作了规定；2021 年 5 月 27 日，湖南省第十三届人民代表大会常务委员会第二十四次会议通过的《湖南省洞庭湖保护条例》对洞庭湖规划与管控、污染防治、生态保护与修复、绿色发展等作了规定。

另外，还有《中华人民共和国水污染防治法》《湖南省饮用水水源保护条例》《中华人民共和国湿地保护法》《中华人民共和国环境保护法》《中华人民共和国基本农田保护条例》《中华人民共和国防汛条例》《中华人民共和国水文条例》《中华人民共和国抗旱条例》《农田水利条例》《中华人民共和国水土保持法》及《中华人民共和国水土保持法实施条例》等法律法规与洞庭湖保护、治理及水资源利用密切相关。

# 附　录　相关术语解释

## 相关术语解释

| 序号 | 名词 | 释义 |
|---|---|---|
| 1 | 水系 | 亦称“河系”“河网”“水网”，流域内各种水体构成的脉络相通系统。通常包括干流、支流、地下暗流、沼泽、湖泊及水库等 |
| 2 | 流域 | 地表水和地下水的分水线所包围的集水区域，习惯上指地表水的集水区域。流域内产生的径流将汇入其中的河流，并经出口断面流出流域 |
| 3 | 集雨面积 | 又称流域面积、汇水面积，流域分水线与河流某一断面之间所包围的平面面积。集雨面积越大，河流汇集降雨的面积就越大，径流量和洪峰一般就越大 |
| 4 | 河流 | 陆地表面上接纳地面径流和地下径流的天然的固定延伸泄水凹槽。河水沿河流经常性地或周期性地流向海洋、湖泊或另一河流 |
| 5 | 湖泊 | 地面上洼地积水形成的比较宽广的水域。湖盆是形成湖泊的必要条件，水则是形成湖泊不可或缺的物质基础 |
| 6 | 湿地 | 自然或人工形成的带有静止或流动水体的成片浅水区和低潮时水深小于6米的近海水域。为水生动植物栖息、繁衍、生长和候鸟越冬之场所，具有调节气候、涵养水源、滞洪蓄洪、控制土壤侵蚀、降解污染物质、维持生物多样性和保护环境等功能，与森林和海洋并称为地球三大生态系统 |
| 7 | 水位 | 江、河、湖、海的自由水面和地下水的自由水面相对于基准面的高程。将水尺观测读数折算成基准面上的高程或直接测量可求得水位；也可由自记水位计记录测定水位 |
| 8 | 流量 | 单位时间内通过过水断面的水量，等于过水断面平均流速与相应过水断面面积的乘积。常用单位为立方米每秒（$m^3/s$） |
| 9 | 生态流量 | 为维系河流水生态系统结构和功能，需要保留在河道内的流量 |
| 10 | 径流 | 陆地上接受的降水形成的从地面或地下汇集到河槽而下泄的水流 |

续表

| 序号 | 名词 | 释义 |
|---|---|---|
| 11 | 径流量 | 一定时段内从河流过水断面通过的水量。以立方米（$m^3$）为单位，或用平铺在集水区上的水深表示，以毫米（mm）为单位，后者亦称“径流深” |
| 12 | 输沙率 | 单位时间内流过河渠或管道过水断面的泥沙量。以吨每秒（t/s）或千克每秒（kg/s）计，表征输沙能力的大小 |
| 13 | 输沙量 | 时段内流过河渠或管道过水断面的泥沙总量。一般以吨（t）计，由该时段内平均输沙率与全时段的时间相乘而得 |
| 14 | 基面 | 某点沿地平面法线或重力线方向至某一基准面的高度称“高程”，其起算的基准面称“水准基面”，简称“基面”。目前国家的通用基面为“1985 国家高程基准”，水文部门仍沿用吴淞冻结基面 |
| 15 | 高程系统 | 初始时，一个基面就是一个高程系统，但因种种原因，初定的基准面零点发生了变动，一个基面就有了多个高程系统，如黄海基面就分出了“1954 年黄海平均海平面”“1956 年黄海高程系”“1985 国家高程基准”三个高程系统 |
| 16 | 1956 年黄海高程系 | 水准原点设在青岛市观象山，高程为 72.289 米。是 1959 年 9 月 4 日国务院批准试行《中华人民共和国大地测量法式（草案）》首次建立的国家高程基准。我们简称其为“56 黄海” |
| 17 | 1985 国家高程基准 | 水准原点高程为 72.260 米。1987 年 5 月 26 日，国家测绘总局发出了关于启用“1985 国家高程基准”及国家一等水准网成果的通告。我们简称其为“85 黄海” |
| 18 | 吴淞高程系统 | 吴淞基面原来就只有一个高程系统，但湖南省在 1957 年以前普遍使用的是“吴淞初算成果”，1957 年 3 月完成了全省水准网平差工作，新成果称为“吴淞资用成果”，简称“吴淞高程”，因此有了“平差前”与“平差后”之分，两者分别称为“吴淞初算高程”和“吴淞高程” |
| 19 | 汛期 | 流域内季节性和定时性江河水位上涨的时期。按季节及发生原因，分为春汛、伏汛、秋汛及凌汛等。湖南省汛期规定为每年的 4 月 1 日至 9 月 30 日 |

续表

| 序号 | 名词 | 释义 |
| --- | --- | --- |
| 20 | 洪水 | 流域内由于集中大暴雨，大面积、历时长的大量降雨或不寻常的融雪而汇入河道的径流。平常年份的洪水为一般洪水，常年少见的洪水称“大洪水”，历史上罕见的几十年或百年以上一遇的洪水称“特大洪水” |
| 21 | 洪水总量 | 简称“洪量”。洪水期间一定时段内从流域出口断面流出的总水量。一般以立方米（$m^3$）或亿立方米（亿 $m^3$）计 |
| 22 | 洪水频率 | 洪水特征值（如最大流量、年最大时段洪量）发生大于或等于某值的概率。水文频率的一种，以百分率表示；其倒数称“重现期”。例如，洪水频率为 1% 的洪水，其重现期为 100 年 |
| 23 | 设计洪水 | 为防洪、排涝等工程设计拟定的使工程符合防洪或排涝设计标准并且当地可能出现的洪水 |
| 24 | 历史洪水 | 本流域历史上曾发生过的大洪水或特大洪水。一般指发生在有系统观测资料以前的大洪水或特大洪水 |
| 25 | 防洪标准 | 对某一地区所要防御的洪水重现概率的规定。反映防洪能力，决定防洪工程投资的大小、一个地区未来的安全程度及防洪效益 |
| 26 | 洪灾 | 全称“洪水灾害”。汇入河道径流量超过其泄洪能力以致漫溢两岸，或因洪水冲刷、渗漏等而溃堤决口所造成的灾害 |
| 27 | 涝灾 | 由于本地长时间降雨或集中大暴雨所形成的河道排泄不畅，地面径流不能及时排除，农田积水超过作物耐淹能力，造成农业减产的灾害 |
| 28 | 渍灾 | 地下水水位过高或土壤水分过饱和对作物正常生长产生的危害 |
| 29 | 洪峰 | 河流一次洪水过程的最高水位值或最大流量值的统称 |
| 30 | 防汛 | 汛期对江河堤防、水库、闸坝等水利工程进行防护以防止洪灾的工作 |

续表

| 序号 | 名词 | 释义 |
| --- | --- | --- |
| 31 | 防汛特征水位 | 汛期江河、湖泊可能出现的几个关键水位的总称。包括警戒水位和保证水位等 |
| 32 | 警戒水位 | 江河、湖泊水位上涨到河段内可能发生险情的水位。防汛部门规定的各江河堤防需要处于防守戒备状态的水位。一般有堤防的大江大河多取决于洪水普遍漫滩或重要堤段水浸堤脚的水位 |
| 33 | 保证水位 | 堤防工程所能保证自身安全运行的最高水位。根据江河堤防情况规定的防汛安全上限水位，亦即堤防设计安全水位。汛期洪水位达到保证水位时，说明工程已处于安全防御的上限情况，堤身内外、堤防基础（包括离堤背一定距离范围）均可能出现严重险情 |
| 34 | 分洪水位 | 汛期当河道洪水超过下游河道安全保证标准时，为保下游安全、大局安全，需向蓄滞洪区分泄部分洪水时的水位 |
| 35 | 堤防 | 沿着江、河、湖、海岸边修筑的防水建筑物。用以约束水流、防止洪水泛滥或潮、浪侵袭，并有稳定河槽、导引水流增加宣泄能力的作用 |
| 36 | 堤垸 | 湖南、湖北等地在沿江、湖地带，围绕房屋、田地等修建的闭合堤防及其包围的地区 |
| 37 | 圩 | 亦称“圩堤”“围堤”。在沿江、河、湖、海的沙洲、滩地以及低洼地区，圈围农田以及重要地区的闭合堤防及其包围的地区 |
| 38 | 重点垸 | 湖南省洞庭湖区的堤垸分类之一。最初确定的原则：在遭遇特大洪水情况下，保证湖区人均有一亩左右的基本农田；尽量做到地区与地区之间、县与县之间、防洪蓄洪任务之间大体平衡；堤垸抗洪能力相对较高、堤线较短、保护面积较大、机械化程度和农业生产水平较高；对国家贡献较大，以及在其范围内有比较重要的工矿企业、交通枢纽、主要城镇，而一旦分洪溃垸以后，则又损失严重，短期内难于恢复元气的骨干堤垸 |

续表

| 序号 | 名词 | 释义 |
| --- | --- | --- |
| 39 | 蓄洪垸 | 湖南省洞庭湖区的堤垸分类之一。确定原则：解决全江性的特大洪水，控制城陵矶以下河段安全泄量和控制汉口水位不超过 29.73 米，重现 1954 年洪水时，洞庭湖区要承担分蓄洪任务。因此，蓄洪垸以尽可能靠近控制点附近的东南洞庭湖区堤垸作为选择对象，其次是尽可能选择靠近山岗丘阜地带和交通条件较好、便于群众安全转移的堤垸 |
| 40 | 一般垸 | 湖南省洞庭湖区的堤垸分类之一。确定原则：除重点垸、蓄洪垸以外的堤垸，均归入一般垸 |
| 41 | 平垸行洪单退垸 | 退人不退耕堤垸，是特殊的一般垸。过大水可适时分蓄洪，平时可耕种 |
| 42 | 干堤 | 对沿江、河、湖、海的保护区起重要防洪、防潮作用的堤防。一般为实际堤顶宽度大于 5 米或基底宽度大于 10 米的人工修建的挡水建筑物 |
| 43 | 子堤 | 大堤顶靠近临河一面临时修筑的小堤。可用以防溢抢护 |
| 44 | 支堤 | 在河流支流两岸所建的堤 |
| 45 | 决口 | 溃堤（坝）的缺口。多因洪水漫溢或大水冲击，或坍塌、漏洞所引起 |
| 46 | 水库 | 能拦蓄一定量河川径流，并调节流量的蓄水工程。一般指在河流上建造拦河坝（闸）以抬高水位而形成的“人工湖” |
| 47 | 平原水库 | 为供水、灌溉等目的，在平原地区，利用局部低洼地圈筑围堤进行蓄水的工程设施 |
| 48 | 总库容 | 水库校核洪水位以下的水库净库容 |
| 49 | 防洪库容 | 水库防洪高水位至防洪限制水位之间的水库容积 |
| 50 | 调洪库容 | 水库设计洪水位至防洪限制水位之间的水库容积 |
| 51 | 兴利库容 | 水库正常蓄水位至死水位之间的水库容积 |
| 52 | 共用库容 | 水库正常蓄水位至防洪限制水位之间汛期用于蓄洪、非汛期用于兴利的水库容积 |
| 53 | 死库容 | 水库死水位以下的水库容积 |

续表

| 序号 | 名词 | 释义 |
|---|---|---|
| 54 | 死水位 | 水库在正常运用情况下，允许消落到的最低水位 |
| 55 | 正常蓄水位 | 水库在正常运用的情况下，为满足设计的兴利要求在供水期开始时应蓄到的最高水位 |
| 56 | 防洪限制水位 | 水库在汛期允许兴利蓄水的上限水位，也是水库汛期防洪运用时的起调水位 |
| 57 | 防洪高水位 | 水库遇下游防护对象的设计洪水时在坝前达到的最高水位 |
| 58 | 排水区 | 按地区、水文条件和现有水利设施等情况，将排水区划分为高排区和低排区、自排区和抽排区等 |
| 59 | 排水系统 | 包括撇洪河（截流沟）、滞涝区、排水闸、排水泵站以及各级排水沟等 |
| 60 | 等高截流 | 在排水区内按地形高程分级设置截流工程，按不同高程分区排水的一种排水治涝措施 |
| 61 | 撇洪 | 为防止山洪直接进入堤垸成灾，根据不同的地形条件兴建撇洪河，拦截坡地或河道上游的洪水，使其直接排入外河（湖） |
| 62 | 闸排 | 利用排水渠系末端的水闸和穿堤涵闸，在汛期，当外河（湖）的水位低于渠内水位时，开闸抢排；当外河（湖）水位将高于渠内水位时，则闭闸防止洪水倒灌 |
| 63 | 滞涝 | 将排区短期内无法排除的涝水暂时蓄存在内湖、哑河、沟渠、低洼地内，然后逐渐排入外河（湖） |
| 64 | 泵排 | 采用泵站将垸内涝渍水抽入外河（湖） |
| 65 | 水闸 | 由闸墩支撑的，用于控制流量、调节水位的中、低水头水工建筑物 |
| 66 | 涵闸 | 闸身为埋在填土下的输水涵洞、洞口设置闸门的水闸。圆形输水管叫涵管，在洞庭湖区，对小型涵管有的地方称硚，冲天式的称刭口 |

续表

| 序号 | 名词 | 释义 |
|---|---|---|
| 67 | 拦河闸 | 为调节上游水位，控制河道泄量而拦河修建的水闸 |
| 68 | 节制闸 | 为调节上游水位、满足下一级渠道分水要求而拦河（渠）修建的水闸 |
| 69 | 进水闸 | 渠道首部用于取水并控制进水流量的水闸 |
| 70 | 分水闸 | 干渠以下各级渠道首部控制分水流量的水闸 |
| 71 | 分洪闸 | 建于河岸边、蓄洪区或分洪道进口处用以分泄河道洪水的水闸 |
| 72 | 排水闸 | 排水渠道上用以排除内河或洼地涝、渍水的水闸 |
| 73 | 泵站 | 以动力机（如内燃机、电动机等）带动水泵抽水，或用于排涝渍，或用于灌溉，或用于工业、城镇供水的设施 |
| 74 | 灌区 | 一个灌溉系统所控制的土地范围，包括灌溉面积和非灌溉面积两部分 |